投行职业进阶指南

从新手到合伙人

王大力 ◎ 著

中信出版集团｜北京

图书在版编目（CIP）数据

投行职业进阶指南：从新手到合伙人/王大力著. -- 北京：中信出版社，2020.7（2020.8重印）
ISBN 978-7-5217-1932-1

Ⅰ．①投… Ⅱ．①王… Ⅲ．①投资银行—职业选择 Ⅳ．①F830.33

中国版本图书馆CIP数据核字(2020)第091984号

投行职业进阶指南：从新手到合伙人

著　者：王大力
出版发行：中信出版集团股份有限公司
（北京市朝阳区惠新东街甲4号富盛大厦2座 邮编 100029）
承 印 者：北京诚信伟业印刷有限公司

开　本：880 mm×1230mm　1/32　　印　张：7.875　　字　数：180千字
版　次：2020年7月第1版　　　　　印　次：2020年8月第3次印刷
广告经营许可证：京朝工商广字第8087号
书　号：ISBN 978-7-5217-1932-1
定　价：59.00元

版权所有·侵权必究
如有印刷、装订问题，本公司负责调换。
服务热线：400-600-8099
投稿邮箱：author@citicpub.com

前　言

一场真实的国内投行之旅

大家好，我是王大力，是一家内资券商投行部门的MD。

MD（Managing Director）是"董事总经理"这个职位的缩写，很多不了解投行的人，会重点关注"总经理"三个字，但我更想告诉大家的是，在真正的投行职级序列里，MD只是比其他的投行从业人员更"懂事"一些，或者说，你可以将其理解为一个简单代号。就像我的名字"王大力"也只是一个代号，如此而已。

现实中很少有人真正知道"王大力"是谁，不知道他在哪家券商任职。如果现在去网上搜索"王大力"三个字，在搜索页面会出现"'大力如山'的王大力是谁""知乎上的'王大力'是谁""王大力供职哪家券商"等问题。

没错，这些问题中提到的"王大力"就是我。我是知乎"投资银行"与"债券"两个专题领域的优质回答者。如果各位读者在知乎上搜索名为"王大力"的用户，排在第一位、关注量超过11万的便是我了。我还是一名粉丝量超过16万的财经博主，我的微博账号是"王大力如山"。我的微信公众号是"大力如山",在这个公众号上,我曾经写过几十篇关于券商历史的文章,业内的读者喜欢称呼我为券商历史的记录者。

在知乎账号、微博账号、微信公众号的后台,我每天都会收到很多从事不同行业,或者仍在读书的年轻人提出的关于投行的种种问题,其中大多都与求职相关。网上的这些朋友虽然有着不同的生活、求学和工作经历,但所提的问题大同小异,而且都给人一种受投行题材的影视作品荼毒的感觉。

现实中也是这样,很多年轻人觉得投行是一个令人向往的行业,好像只要进入投行工作,就能过上电影《华尔街之狼》演绎的生活。但《华尔街之狼》这部电影中的人物,所从事的行业并不是真正的投行业,更不用说国内外投行的从业环境也有着很大不同。

所以,我从收到的问题中深刻感受到想进投行的求职者们浮躁的情绪和对投行的误解。不仅我感受到了,很多无良商家也感受到了。这些无良商家开发出投行内推实习之类的骗局,利用年轻人向往投行却又对投行一知半解、信息不对称的缺点,对他们举起了收割的"镰刀"。

之所以出现这种情况,正是因为在这些年轻人的身边,缺少一个多年从事投行工作的人,去告诉他们真正的投行是什么样的,他们需要怎样努力才能进入投行。

此外,还有很多在金融行业,特别是在券商做投行业务的同行，也经常向我咨询职业生涯规划的建议，或者如何把握跳槽机会等问题。其中不乏已经工作了七八年的从业者，他们在面对当前的市场和政策环境时，同样对未来的职业规划有不少疑问。

对此，我非常理解，因为很多业内的朋友对自己的职业发展路径不太清晰，甚至存在错误认知。我想，也许是因为他们走得太急，走得太快，没有花时间记录行业的历史，观察行业的现状，思考行业的未来。简单地用一句话概括，那就是这些朋友还没有学会跳出行业去看行业，跳出自己去看自己。

本书概述

基于以上所述，我专门写下这本书，主要包含以下几个章节的内容。

第一章针对投资银行业的业务概况、各种类型券商的特点、细分岗位的具体职责、投行职级序列划分等基本概念，给大家做一次行业状况的梳理。

第二章帮助那些想要进入投行的年轻人找到一个值得努力的方向，希望书中的内容可以消除他们心中对于"靠关系进投行"的偏见，通过自己的努力，真正赢取投行业的入场券。

接下来，在第三章，我想给那些入行时间尚短的年轻人，指出投行职业发展的几条可选路径，每条路上会出现哪些坑，以及每条路最终通往哪个方向。希望我的建议和提醒，可以让这些年轻人提前规避不必要的弯路，从而把有限的时间和精力，投入自己真正向往的那条路上。

经历过上面两个阶段的进阶，在第四章，我还想与那些多年从事投行工作的朋友，谈一谈我从业以来的心得和体会，聊一聊我对资本市场的看法。希望我的讲述可以提供借鉴，特别是当他们面临发展瓶颈、管理困境的时候，帮助他们减少在黑暗中的摸索。

最后，分享完投行执业不同阶段的职场建议之后，针对目前国内投行业的发展状况，我还会从源头跟大家聊一聊国内资本市场的发展脉络，帮助从业者更清晰地认识这个行业。

总之，如果你对投行这份工作有向往、有疑问、有迷茫，那么本书会带着你去探索国内投行的真实职场场景，相信你们在阅读结束后，都能找到适合自己的职业发展路径。

目录

前　言 / 1

第一章 揭开投行的神秘面纱
001

投行简介 / 003

投行的岗位分工 / 011

投行的业务范围 / 016

投行的职级划分 / 020

投行从业者的真实收入 / 029

第二章 如何成为一名投行从业者
035

第一步：读懂实习生招聘启事 / 037

第二步：做好敲门砖，点亮简历 / 044

第三步：踏踏实实，准备投行面试 / 049

付费内推：不可取 / 054

成为投行实习生 / 058

实习未能留用该如何补救 / 069

跨行转入 / 074

社会招聘 / 077

第三章 投行新人如何职场精进
097

入职前的准备 / 100

新人的困境 / 113

精进两步走：搜集信息，解决问题 / 118

核心能力：推进项目 / 129

软实力：学会社交 / 136

拓展客户：如何与客户打交道 / 150

避免踩坑：跳槽的正确姿势 / 156

第四章 资深从业者的投行晋级之路
169

专注技术还是转型业务 / 171

打破天花板：承揽没有那么难 / 185

初转承揽：如何上路 / 189

领导力：如何搭建自己的团队 / 202

政策：唯一不变的是人心 / 212

过去与未来的交汇 / 218

附录 227　投行的日与夜

1984—1992：国内资本市场建立初期的混业时代 / 229

1992—1997：混业逐渐转为分业，过渡时期的"额度管理" / 232

1997—2003：分业经营时期的审批制，增资扩股和通道制 / 235

2004—2014：保荐制度 / 239

第一章

揭开投行的神秘面纱

投行简介

当我们说起"投行"时,到底是在说什么?

这首先要从"投行"的概念说起了。投行的全称是"投资银行",按照字面含义理解,它所对应的是"商业银行"。但是这个概念从欧美引入国内之后,含义变得比较狭窄,它通常用来代表证券公司的投行业务部门。投行业务几乎覆盖资本市场所有的活动,比如IPO(首次公开募股)、并购重组、基金管理、财务顾问等。在我们国家,负责承接投行业务的,一般是证券公司的投资银行部等。

也许很多人会说:"不对啊,在欧洲,很多商业银行也在做投行业务,比如德意志银行、巴克莱银行,它们既是投资银行,又是商业银行。"说到它们,就必须提到"混业经营"了,这是一个特别有意思的话题,但我在本节先不展开讨论,在之后的内容中,会给大家从本土投行发展历史的角度做一下分析。

投行的业务分类

介绍完投行的基本概念，我们再来看投行具体做的是什么业务。是不是做投行业务的部门或企业就是投行呢？

这就要分清狭义的投行业务和广义的投行业务之间的区别了。

所谓狭义的投行业务，在国内特指券商从事的投行业务，投行业务的承销商必须由具有承销与保荐资质的证券公司来担任。通俗一点来说就是，想做投行业务，必须先从监管部门那里拿到资质（牌照），否则即便有项目在手，也只能在背后做中介。

再来说广义的投行业务。如果你有一个朋友说自己是做投行的，但一看他的名片，发现他是在银行或者信托公司，甚至是风险投资公司的投行部，他可不是骗子，他做的的确是投行业务，只是和狭义的投行业务有所区别。比如华兴资本这种精品投行性质的公司，它主要做的是财务顾问业务，这就属于广义投行业务的一种，为尚在成长期、仅靠财务数据无法体现公司实力的创业公司，提供非标准化的私募融资撮合业务，以满足其资金需求。这也是尚未满足在资本市场公开融资条件的客户想要获取大额融资的主要途径。随着该类客户逐渐发展壮大，其可利用的标准化融资产品也会越来越多，比如发行债券、IPO，那么一般私募融资的性价比相对就会下降。因此，如果华兴资本想要继续为该客户服务，承接其在国内的 IPO 业务，而该业务属于狭义的投行业务，那么华兴资本就只能通过集团旗下的证券子公司华菁证券来承接，华兴资本自己是没有这个狭义投行业务牌照的。

总的来说，国内的广义投行业务主要包含以下细分领域：证券承销、资产管理、企业并购、风险投资、财务顾问等。但这些包罗万象的投行业务很多都不为人所熟知。而由于狭义的投行并不是指一个独立的法人主体，因此我们在国内比较各种投行业务的时候，其实是在比较业务背后那些拿着投行牌照的证券公司。可以说，当我们谈起国内投行的时候，更多是指国内的证券公司。

国内证券公司的分类

根据股权性质的不同，国内的券商可以分为外资券商、内资券商和合资券商。根据投资主体的不同，可以划分为国企券商和民营券商。

外资券商、内资券商和合资券商

国内对外资券商、内资券商、合资券商的区分，主要就是对其股东的区分，比如外资券商便是指这家券商的股东全部为境外股东，内资券商则是指这家券商的股东全部为境内股东，合资券商则是指这家券商同时有境内股东和境外股东。在这里大家要特别注意的是，来自港、澳、台地区的股东同样会被认定为境外股东。

在过去很多年里，根据中国证监会颁布和修订的《外商投资证券公司管理办法》《外资参股证券公司设立规则》等一系列法律法规，像摩根士丹利、高盛这些纯外资券商，是无法获取国内资本市场业务牌照的，也就是说它们没办法独立开展境内资本市场业务，只能在国内设立办事处，向国内客户推介境外资本市场业务。而对于国内资本市场业务的开展，它们则需要通过与境内股东合作设立合资券商，利用合资券商获取国内资本市场业务牌照的方式进行，而证监会对此也有明确规定，"境外股东持股比例或者在外资参股证券公司中拥有的权益比例，累计（包括直接持有和间接控制）不得超过49%"。比如国内第一家合资券商中金公司，便是由中国建设银行与摩根士丹利合资设立的，第一大股东为中国建设银行。

近年，国内逐渐放松对境外资本到内地参设金融机构的条件限制，将上述"不超过49%"的规定改为"不超过51%"，到了2020年，直接取消外资参股证券公司的比例限制，一些境外股东便开始增资收购自己参股的合资券商中其他境内股东的份额，从而达到控股的目的，也有一些境外股东直接向内地监管机构发起了新设控股券商的申请。比如合资券商"摩根士丹利华鑫证券"的外资股东摩根士丹利，便以3.76亿元的价格收购了内资股东华鑫证券所持有的2%的股权，成为持股51%的控股股东。2019年3月，中国证监会核准设立由摩根大通控股的摩根大通证券（中国）有限公司，该公司于2020年3月正式开业。

聊完了外资券商和合资券商在国内的发展，咱们再来聊一聊外资券商、内资券商和合资券商在国内的真实现状是什么样子的。

无论是不是投行从业者，大家平时都会外出吃饭，我在这里便用"外出吃饭"这项大家都比较熟悉的活动作为例子，来给大家讲一讲外资券商、内资券商和合资券商在国内的真实现状。

说到外出吃饭，必然要提到吃饭的场所——饭店。在我的眼里，饭店可以分为以下三类。

第一类是乍一看就觉得非常高档的场所，高墙大院、小桥流水，别说步行来这儿吃饭，坐出租车都不好意思让司机师傅把你送到门口。从装潢和服务的档次就能判断出这里的消费肯定不低。通常，来这里消费的，大多是一些比较特殊的客人。

第二类饭店是连锁性质的大品牌，虽然装修比不上第一类有格调，但标准也都很高。特别是在菜品、菜价上，请客的人和赴宴的人心里都有数。这种类型的饭店，人气比第一类高多了。

至于最后一类饭店，就是专门做当地特色美食的"馆子"。这类"馆子"店面有大有小，有的装修得非常豪华，即便与第一类饭店相比，也是丝毫不差。有的装修上就差点意思，看着就像郊区的农家乐一样。客人来了的话，点单、上菜都是老板亲自出马。各家"馆子"饭菜的价格相差也很大，有的价格甚至比第一类饭店还要贵，有的可能连一份像样的菜单都没有。但无一例外，每家店都有自己的特色，所以，当地人就特别喜欢去这里吃饭，这一类饭店的人气比前两类都要旺。

为什么要讲饭店的分类呢？不是因为我是个"吃货"，而是因为国内的外资券商、合资券商和内资券商，其实就像这三种类型的饭店。

国内的外资券商,就像第一类饭店。来这里"消费"的大多是一些大客户。国内每一次超大型的IPO几乎都有全球顶级投行的身影,比如2016年中国邮政储蓄银行在香港上市,这是当年全球规模最大的IPO,承销团中除了中金公司,还有摩根士丹利、美银美林、高盛、摩根大通等几乎所有顶级的外资投行。

至于国内的合资券商,更像是第二类饭店。这些饭店的菜品已经以大众口味为基础做过改良,价格相对也更合理一些。不过,就像连锁品牌一样,大多数合资券商的本土化做得并不好,因水土不服而倒闭或转让时有发生。当然,也有一些合资券商有着不错的盈利,只是为了揽客,私下大肆打折,虽然看起来牌子还是那个牌子,但成本一压缩,服务就会严重缩水。

而内资券商,就像前面所说的第三类饭店。愿意来这里的,大多是一些真正有需求的人。发行人选择这些机构的真实标准,也许是因为价格低,也许是因为沟通方便,也许是一些其他的原因。

就像在中国餐饮界"称霸"的并不是全聚德和小南国,而是沙县小吃、兰州拉面和黄焖鸡米饭一样,中国的主流投行也不是摩根士丹利、高盛,而是分布在北上深一线城市各大写字楼里的本土券商。可以说,从股市到债市,国内的大多数投行业务还是由这群本土从业人员做出来的。

这就会让行业以外的朋友对投行存在误解。看起来最为高大上的外资投行,其实在国内做的投行业务最少。

国企券商和民营券商

接下来,咱们再来聊一聊国内券商的另外一种分类:国企券商和民营券商。

20世纪90年代末,国内最早的一批证券公司成立的时候,根本就不存在国企和民营之分,因为当时几乎所有的证券公司都有国企的背景,大部分是部委、银行,甚至央行下辖的子公司。

以国内的第一家合资券商中金公司为例,虽然它是由中国建设银行和摩根士丹利联合成立的,但当时它的实际控制权其实一直掌握在中国建设银行手里。中金公司的首任首席执行官因为与外资走得比较近,只在任三个月就离职了。

而随着国内资本市场逐渐繁荣,也有越来越多的民营企业通过收购或者代持等手段,拿到了券商的牌照。成立较早的国金证券,就是在民营集团"涌金系"的控股下发展起来的,最近几年刚成立的年轻券商华菁证券,也隶属民营证券华兴资本。

除此以外,国内的金融机构,特别是券商这个行业,还有一个很有意思的特点,那就是国企和民营的区别,有时候体现在股权上,有时候则体现在实际运营中。这是什么意思呢?就是说,有的券商股权关系是国企性质,实际运营却由民企负责;有的券商股权关系属于民营性质,实际运营却带着浓厚的国企风格。

注册地位于湖北的两家券商——天风证券和长江证券,就是两个很好的例子。首先看最近几年发展迅猛的天风证券。天风证券介绍自己是一家混合所有制的证券公司,股东包括国企、民企,还有一些战略投资者,但它往往会特别强调一句:"本家大股东是国企背景。"只看这家公司的股权结构图的话,大股东确实是国企。但它可能不会告诉你,天风证券的股东之一是湖北最大的民营集团"当代集团",它对天风证券实际运营的话语权可能并不低。

相较于天风证券,长江证券则是一家正宗的老牌券商,前身是中国人民银行湖北分行在1990年牵头筹建的湖北证券。湖北证券由一家地区券商成长为全国性的证券公司,在巅峰时期,作为湖北省的第三大企业,它每年的利润额甚至超过了武汉钢铁集团。

改名为长江证券的湖北证券,在市场上的发展起起伏伏。2015年,新理益集团拿下长江证券大股东的位置。几个月后,湖北省国资委又通过三峡集团增持长江证券的股权,国企和民营展开了大股东争夺战。按照股权关系来看,第一大股东是新理益集团。但长江证券的很多高管都是湖北省国资委派来的,这就让民营控股的长江证券从体制上看又像一家国企。

正是由于国内资本市场的繁荣发展,券商行业才会形成国企和民营两大类型并存的局面。但整个券商行业毕竟还是一个依靠牌照的行业,所以在市场上,一直都是国企券商的数量最多,所占市场份额也最大。

为什么我要花这么长的篇幅,来介绍券商的股权性质和所有权结构呢?这是因为了解一家投行机构的发展脉络,可以更清晰地理解它的运作逻辑,从而判断这家投行未来的发展路径,而这些因素也是影响未来投行职业生涯的关键。

投行的岗位分工

如果你没有从事过投行工作，身边又没有从事投行工作的朋友，那么仅靠一些文艺影视作品，可能无法理解国内投行的真实工作环境，更无法帮助大部分想要从事投行工作的年轻人了解投行真实的岗位分布、组织架构等基本情况。

接下来我就讲一讲国内券商的投行部门到底是由哪些岗位组成的，以及各自都是如何运转的。

在开始正式讲解之前，先给大家出一道思考题，通过这道题，大家可以验证一下自己对国内投行是否有一个清楚的认知。

请听题：

如果你有甲、乙、丙三位朋友，都在国内券商工作，但你并不清楚他们具体在哪个业务部门，那么根据他们对自己日常工作的描述，你认为谁才是在投行部门工作呢？

朋友甲说，他几乎每天都要在股市开市前到达公司，平时在公司的时间大多是在与人交流，电话不断，QQ（即时通信软件）和微信也闪个不停。中午一般会约上同行或客户一起吃饭，交流最新的市场动态和观点。晚上或周末经常参加一些聚会以拓展人脉。

> 朋友乙说，他的工作很不规律，有时候会到某地出差，常驻一两个月；有时候又会在几天之内轮番跑到好几个城市出差。当他在公司的时候，不是坐在桌前贴发票，就是守着打印机整理材料。
>
> 朋友丙说，他很少出差，每天都会按时来到办公室，但经常还没到上班时间就接到同事的电话，询问是否已经到岗。至于晚上，很少准点下班。对他来说，加班就像家常便饭，但是好在不需要经常应酬。

你们想好答案了吗？

如果你只选了甲，说明你被坊间传闻荼毒太深；如果你只选了乙，说明你对国内的投行工作有些了解，但并不全面。你们看完接下来的介绍就会明白，甲、乙、丙这三位朋友都有可能在国内券商的投行部门工作，只是负责的岗位各有不同。

在国内，投行部门的岗位分工主要可以分为前台岗位、中台岗位和后台岗位三种类型。

什么叫作前台岗位呢？简单地说，就是服务对象一般对外，投行部门的利润主要是由这些岗位的人创造的，比如负责为部门承揽业务的，就是最主要的前台岗位。

而中台岗位服务的对象既有对内的，也有对外的，比如资本市场发行岗，其服务本质是对前台岗位的工作提供支持和辅助，并不会直接创造利润。

至于后台岗位，就比较容易理解了。这个岗位的服务对象与前台岗位正好相反，主要是对内的，同时也像中台岗位一样，并不能直接创造利润。质量控制、行政秘书等岗位就属于后台岗位。

一般来说，规范的券商投行部，内部所设的岗位至少应该包含以下四种：承揽承做岗、销售交易岗、资本市场发行岗和质控岗。其中，承揽承做岗和销售交易岗属于前台岗位，资本市场发行岗属于中台岗位，质控岗则属于后台岗位。

先来看承揽承做岗，可以说这是投行部门里最基础、最核心的岗位，毕竟如果没有这群人出去揽活和干活，那么中后台岗位的后续工作也就无从谈起了。

承揽承做岗又可以进一步拆分为承揽岗和承做岗。简单来说，承揽岗的工作任务就是不断地为公司拉来新的业务，同时维护好老客户。而承做岗的工作任务就是协助承揽岗，对承揽岗承接的各种业务做好落地服务。一般来说，能在投行做承揽的，大多都是从承做岗晋升上来的，或者用更直白的话讲，承揽和承做就是一个业务团队，其中团队负责人做承揽，为团队拉业务，然后将业务交给团队里的承做成员，由承做岗做好业务的落地工作。

很多人开玩笑说，投行人就像是拉客户的中介。这话就说得有些片面了，因为在投行里只有做承揽业务的才像中介，而负责承做岗位的，甚至可能都无法胜任这种中介性质的工作。就像之前的思考题中提到的朋友乙，他的日常工作就是承做岗位的真实写照，他大部分的工作时间，都花在项目现场或者准备申报材料上。

销售交易岗也是投行的前台岗位。与承揽承做岗不同的是，它所服务的客户主要是各大投资者，特别是银行、券商、基金、保险等机构投资者。这个岗位的工作内容就是为部门承揽承做的项目找到可以对接的资金方。就像思考题中提到的朋友甲，他的日常工作就是投行部门里销售交易岗所要做的，时刻与同业和投资者保持沟通与联系。

而在国内的投行部门里，负责为承揽承做岗和销售交易岗提供发行辅助工作的中台岗位，就是资本市场发行岗了。这一岗位的主要工作，一方面是对外联系监管审批机构；另一方面是对内协助前台岗位，同时协调双方共同处理有关项目发行、上市的相关工作。由于主要涉及的是发行工作，所以一般只有发行项目比较多的大型券商才会单独设立资本市场发行岗，而一些中小券商的发行岗位，很可能是由销售交易岗甚至承做岗去承担的。

投行部作为券商的一个部门，要维持自己的正常运转，除了前台和中台岗位之外，同样需要后台岗位的支持和协作，比如行政秘书之类的普通岗位。但投行部的特殊之处就在于，需要设立一个技术要求比照前台、日常内容却隐身于后台的岗位，这便是质量控制岗位，简称质控岗。

质控岗的工作，主要是在部门业务的前期立项、后期申报和最终发行时，审核部门前台岗位所承接的业务和资金是否"合格"。所以在投行部门经常会存在这样一种现象，那就是质控岗会与部门里所有的前台岗位"相爱相杀"。

这是因为，一方面，质控岗需要依靠前台岗位承揽业务、对接资金，以完成部门收入落地，从而获取自己的薪酬；另一方面，质控岗的工作要求就是规避风险，这就需要这个岗位的人员去核查前台岗位所获取的项目和资金是否会在后期给公司和部门带来风险。另外，前台岗位为了尽可能提高自己的工作效率，普遍都会催促质控岗优先处理自己的业务，就像思考题中的朋友丙一样，质控岗的同事经常会被前台催促加班。

那么，质控岗在面临这种矛盾时，该如何去平衡呢？其实这是对质控工作提出的最大挑战。我会在后面的内容中与大家深入展开这个话题。

总之，如果把投行业务比作产品，那么承揽岗的工作就是获取产品订单，承做岗的工作就是把这个产品生产出来。而在具体的生产过程中，质控岗就像产品质量的检测员，会在生产的关键节点对产品质量进行把关。在产品完成后交付销售交易岗，由这个岗位的人员完成销售，最终获取收入。至于资本市场发行岗的工作，则是在产品出厂前协调外部监管机构和内部其他岗位，办理完成产品出厂所需要的一切手续。

所以，投行这份工作并不是简单特指某一个岗位。一个投行项目的完成，往往是前台、中台和后台岗位协作的结果。

投行的业务范围

大部分人都觉得在投行承揽好过承做，但是你们知道投行需要承揽哪些业务吗？或者说，投行究竟提供什么产品？

简单地说，投行的产品就是向客户提供一种直接融资的服务。这种融资服务具体又可以分为两种类型：股权融资和债权融资。

其中，股权融资类业务包括 IPO、并购重组以及一些相关的财务顾问服务，很多中小券商的股权团队也兼职做新三板业务，而稍微规范一些的券商会专门设置场外业务部开展新三板业务。但在本质上，新三板业务也是投行业务的一种。

什么叫 IPO？IPO 的全称是 Initial Public Offering，意思是首次公开募股，指一家企业首次公开发行股票，第一次将它的股份向公众出售。而国内券商投行在 IPO 业务中的角色定位，起始于 1998 年《证券法》出台后，国内的股票发行不再使用行政推荐上市家数的办法，改由证券公司作为主承销商进行推荐，由中国证监会核准。2003 年，中国证监会颁布《证券发行上市保荐制度暂行办法》，股票发行保荐制度开始登场。保荐制度是指拟上市企业既要有投行作为保荐机构保荐，还要有两位具备保荐代表人资质的投行从业人员负责具体的保荐工作并签字。至此，国内券商作为 IPO 业务中保荐人的角色，才算有了清晰界定。根据上市场所的不同，国内 IPO 业务可以分为主板上市、创业板上市、科创板上市等，不同的上市场所对发行人的上市要求各有不同，但基本都需要券商投行作为保荐人，所以保荐发行人在新三板上市的新三板业务，也属于IPO业务中的一种。

而与IPO相比，并购重组则是一个概括性的词组，它包括的业务范围其实很广泛，比如股权转让、重大资产重组、回购、分拆上市、分立等。如果简单介绍的话，券商投行所做的并购重组业务，主要是帮助上市或非上市公司进行收购和重组，从类型上可以分为产业并购、整体上市和借壳上市。其中，产业并购主要服务上市公司，而整体上市和借壳上市，主要服务那些想要通过并购重组的方式上市的非上市公司。

债权业务主要包括三块：第一块是债券业务，比如公司债、企业债，有的券商会将债券业务设置在固定收益部里；第二块是资产证券化（ABS）业务，比如在证券交易所挂牌的资产证券化、信贷资产证券化（CLO）等，因为目前券商受到牌照的要求，会将资产证券化业务放在资产管理部或资产管理分公司来开展，但很多投行团队也承揽承做资产证券业务；最后一块主要是一些非标准化的债权业务，比如在地方股交所发行的私募债等，有些券商会将这类业务放在结构化融资部开展。

首先，我想先跟大家强调的是，虽然有不少券商并不把债权业务放在投资银行部开展，但无论是在国外还是国内，债权业务都是投行业务的一种。比如在国内证券交易所审核的可转换公司债，实际上就是一种债权业务，但券商申报此类业务就像申报股权业务一样，是需要保荐代表人签字的。再比如银行的投行业务，主要做的就是一些债权业务。其次,想要更好地了解券商投行里的债权业务,应该先了解银行投行业务与券商投行业务的不同。银行投行业务主要分为两类:债券业务和非信贷业务。其中债券承销业务与券商投行所做的债券业务类似,都是承销标准化的债券产品,只是各自适用的产品略有不同,比如券商投行业务中的公司债、企业债产品,便只能由券商作为主承销商去协助发行人申报和发行,而银行所做的债券业务,主要指承销中票、短融这些由银行作为主承销商的债券产品;再比如券商可以承销交易所市场的资产证券化产品,银行也能承销银行间市场的资产证券化产品。而非信贷业务也被称为结构化融资,主要指银行通过信托、资管等通道对融资人进行表外融资,承销的是非标准化产品。

所以,从上面的介绍可以看出,银行投行业务和券商投行业务最大的区别其实是在股权业务上,受益于国内金融行业分业经营的监管要求,如今券商投行已经拥有垄断的牌照,人才和技术也都是相对专业的。在债权业务上,银行与券商并没有本质的区别,但无论是债券、资产证券化还是非标债权业务,银行才是债券市场上的主导。不仅绝大多数资金来自银行,在中票、短融这些细分债券品种上,银行还有着近乎垄断的承销牌照。即便券商有着垄断承销牌照的企业债和公司债,大部分项目端和资金端也都被银行掌握,有时候券商担当的只是"二传手"的角色。只不过,银行的问题在于大部分投行业务都已经形成了稳定的生产线,个人或团队很难把握整个业务链条,这就造成银行投行从业者们虽然越做越熟练，但却始终跳不出局部去感受整体。同时，由于生产线上的人很多，即便整体收入很高，分到每个人身上却也没有多少。但是券商就不一样了，优秀团队的业务把控力度可以越来越强，特别是中小券商里的投行团队，不仅可以从前到后全程跟进整个业务，更可以在利润分配上与公司进行谈判。

总之，投行业务中的股权业务和债权业务其实没有本质上的区别，都是一种服务于客户的直接融资的手段，如果一定要找出它们的不同之处，我想主要在于两点。一是产品的不同。从上面的介绍就可以看出，股权和债权都有着各自的产品线。二是客户群体的不同。曾经有朋友问我："为什么券商做股权业务的投行部门，有时候会分具体的行业组，而做债权业务的投行部门就不会分行业组？"出现这种情况，其实就是因为客户群体的不同。因为做股权的投行从业者所接触的客户大多是产业类的公司，而每一类产业的经营业务都有着很大的不同，所以从业者在业务承做过程中，某一类产业的业务做得越多，他对这类产业就会越熟悉，也越专业，将来营销其他同类业务时，这种项目经验就会有一定的帮助。这就是做股权业务的投行有时会按照行业进行分组的原因。而债权业务就不同了，大多数从业者做的都是城市建设投资，与其他产业类公司接触得很少，所以分组没有意义。

但我们要明确的是，无论是产品不同，还是客户群体不同，都无法改变股权业务和债权业务本质上都是投行业务这个特点。

这也是本书在后面章节并没有过多区分股权和债权的原因。

简单总结一下，一家规范的券商投行部门主要包括前台、中台和后台三种类型的岗位，其中前台岗位包括承揽承做岗、销售交易岗，中台岗位是资本市场发行岗，后台岗位主要是质控岗。而国内券商承接的投行业务，主要分为股权业务和债权业务两大类，其中股权业务包括IPO、并购、新三板等业务，债权业务包括债券、资产证券化、非标债权等业务。

投行的职级划分

国内投行作为"舶来品"，在职级序列的设置上，无论是前台岗位还是中后台岗位，同样参考了国际投行常用的MD职级序列，从初级到高级的排序如下：

- 分析师（Analyst）
- 经理（Associate）
- 高级经理（Senior Associate）
- 副总裁（Vice President）
- 董事（Director）
- 执行董事（Executive Director）
- 董事总经理（Managing Director）

当然，国内很多投行并没有完全按照这个顺序进行排列。比如有的投行会省去一些职级，只保留经理、高级经理、董事、董事总经理四个职级，然后再在每一个职级里进行三级划分，变成一级经理、二级经理、三级经理……一级董事总经理、二级董事总经理、三级董事总经理这样的排序。也有的投行会增加一些职级，比如在副总裁和董事之间增加一个高级副总裁的职级，在董事和执行董事之间增加一个业务董事的职级。还有的投行虽然参考的是MD这种职级排序，但会将职级名称替换为在国内更通俗易懂的名称，比如把"董事"替换为"业务总监"。

但无论国内投行对职级做出怎样的改变，并没有改变MD职级序列的本质，即三个递进的层次：初阶岗位、中阶岗位、高阶岗位。其中分析师、经理、高级经理、副总裁都属于初阶岗位，董事、执行董事属于中阶岗位，董事总经理属于高阶岗位。

初阶岗位

一般毕业后刚入职的投行员工，都是从分析师这个基层职级开始起步的。虽然分析师这个词听起来很专业，也确实是他们承担了投行里的大部分书面工作。但是，投行里的书面工作并没有大家想象中的那么"高精尖"，投行从业者们经常自嘲平时的书面工作主要是"复制粘贴"。所谓"复制粘贴"，是指投行的书面工作大多都是模式化的。比如债券产品的申报材料，主要是发行人的基本情况介绍和财务数据的撰写分析，其中发行人的基本情况，如历史沿革、主营业务介绍等内容，大多取自发行人提供的各种介绍材料以及工商登记等信息的汇总整理，而财务数据的专业分析，则大多是从审计机构出具的审计报告和评级公司出具的评级报告中的相关内容里摘取的。特别是非首期发行的债券，书面工作可能更为简单，基本情况介绍和财务数据只需要在上期债券的相关内容上进行更新即可。

但是大家也不要小看"复制粘贴"，如何搜集相关的信息，如何选择合适的摘取内容，如何将发行人和其他中介机构的材料信息进行交叉核验，如何将这些"复制"的内容按照投行的逻辑进行"粘贴"，解决这些问题正是体现分析师们专业能力的地方。特别是投行的书面工作在文字处理和表述上要求非常严格，不要说逻辑不顺、解释不清、误导歧义这些问题不能出现在申报材料中，就连文字错误和格式错误这种简单问题，一旦出现，都会受到监管审核的警告和处罚。所以认真和细心可以说是分析师们最需要具备的工作态度了。

随着分析师们水平和经验的增长，他们会逐渐成长到下面三个职级：经理、高级经理、副总裁。国内很多券商认为，高级经理和副总裁并没有本质的区别，甚至就是同一个职级，只不过名字不一样而已。在投行业内，通常是有三年工作经验可以升到经理，有五年工作经验可以升到高级经理或副总裁。很多从审计机构、评级机构等其他行业跳槽到投行的年轻人，若有一定的工作经验，会直接跳过分析师的职级，给予经理、高级经理或副总裁的职级。

经理这个职级一般要求熟练掌握投行的基本工作技能，用更通俗易懂的话来说，经理就是技能熟练的分析师，他和其他分析师在工作内容上并没有太大的差别，唯一的区别就是他在工作中更熟练，不需要更高职级的同事进行指导。而当经理可以完全独立承担某一部分工作时，一般就能升职为高级经理、副总裁。分析师、经理往往属于基础工作的具体执行者，高级经理、副总裁则会承担一些上传下达、沟通协调的工作。比如在投行实务中，更高职级的领导往往会把需要执行的工作交给高级经理人、副总裁进行内部分配，这便是所谓的"上传下达"。而在投行实务中，投行从业者们往往会驻扎在项目现场，但通常项目负责人以及更高职级的从业者并不会在现场驻扎太久，而是会安排高级经理、副总裁作为现场负责人带队驻扎，因此在项目现场与发行人、其他中介机构的沟通协调工作，往往会由高级经理、副总裁执行。

那么，投行的初阶岗位有哪些本质要求呢？

工作执行一定要做好，这是投行初阶岗位的基本功，但优秀的初阶岗位从业者们也不能只会埋头干活。

第一，执行要积极主动。投行初阶岗位日常负责的执行工作其实并没有多高的门槛，业外人士在投行招聘信息里了解到的投行对学历、工作经历的高要求，更多是因为岗位的供需不平衡导致的。能否做好一份普通人足以胜任的执行工作，受技术或者专业的影响其实很小，更多是由积极主动的工作态度决定的。比如分析师们的"复制粘贴"工作，更高职级的员工很少会手把手地教他们，同一类的工作也只会教他们一次，所以分析师们如果能在具体的执行工作上主动一些，让更高职级的同事越少费心，就越能代表自己的本职工作做到位了，也代表自己在从分析师的职级向经理的职级迈进。包括高级经理、副总裁这些初阶岗位的较高职级，他们在内部的上传下达、外部的沟通协调等方面，越不需要更高职级的同事操心，同样也是工作做得越好的表现，正代表他们朝着项目负责人的更高职级进阶。总之，初阶岗位在执行上越积极主动，越能让更高职级的同事少费精力，就越能代表其工作能力，也预示着他从初阶岗位到中阶岗位的距离越来越近。

第二，视角要开阔。工作执行能力的高低可以衡量初阶岗位到中阶岗位的距离，但最终决定初阶岗位进阶中阶岗位的，是你在对投行执行工作中的视野要能够打开。比如投行的承做岗位，如果你都没能从头到尾跟过一个项目——从进场到做材料，再到过公司内核，过完内核去申报，申报完问题进行反馈回复，获取批文然后协助销售，销售完成挂牌上市，后续受托跟踪管理——那么是很难具备执行投行项目的宏观视角的。而这种执行工作的全局观，正是投行从业者晋级中阶岗位的基本要求。

因为只有从宏观视角上看，不同的执行工作才会有新鲜感，而新鲜感是驱动投行工作一直向前的动力之一。有很多刚入行的年轻人会觉得自己所从事的投行工作都是一些重复性的劳动，甚至因此对投行工作失去兴趣。这个观点其实没错，因为仅仅从微观视角看的话，不同投行项目中的某一段执行工作，确实有很多都是类似的、重复的工作，比如不同的项目申报用的都是同一套模板，而需要更新的都是同样的内容模块。但就像盲人摸象一样，如果你不能从更高的视角去看待投行工作，就永远体会不到投行这头"大象"究竟是什么样子。而中阶岗位的要求，就是能够骑上投行这头"大象"走向资本市场，只有这样，走的这些"路"才永远不会是重复的。

所以，投行从业人员要想从初阶晋级中阶，执行工作时一定要有全局观，也就是要能够从负责整个投行项目过程的某一环节，逐渐进阶到可以负责整个项目，这样才能真正看到投行执行工作的全局，全面体会承做工作的意义，而不是被动地觉得自己是在重复性劳动。站得足够高，看到的自然就会更宽广；看到的更多，自然也就能站得更高。而具备开阔的视角，既是站在了初阶岗位的顶点，也是站在了中阶岗位的起点。

中阶岗位

投行的中阶岗位主要包括董事、执行董事，有的国内券商会在董事和执行董事之间再额外设置业务董事、总监、业务总监等岗位，这些也都属于投行的中阶岗位。但大家不要被这些五花八门的职级名称给搞晕了,因为无论券商怎样命名这些职位,只要处于投行执行工作和营销工作过渡阶段的职位就都属于中阶,这一点是永远不会变的。

投行中阶岗位的起点是董事,当站在初阶职级顶点的投行从业人员沉淀几年后,其技术和经验足以带领项目组负责整个项目的承做,那么在做过几单项目的现场负责人后,董事这个职级就开始向他们招手了。认真来说,只有做到了董事这个职级的投行从业人员,才算摸着了承做的最高门槛。正因为前文所说的宏观视角的差异,初阶岗位和中阶岗位的本质区别并不在于两者之间技术水平的高低,更多是对项目全局感的把握程度不同。

从董事这个职级再往上,包括总监、业务董事、执行董事等,需要的就不只是承做能力了,还要开始承担业务承揽的职责,职级越往上走,所承担的承揽工作占比就越重。也就是说,在投行中阶岗位的升迁考察中,不再像初阶岗位那样只看重项目的执行能力,而是会重点考察业务承揽能力。

那么,投行在对中阶岗位的考察中,会如何认定从业者是否优秀呢?

第一,在项目前期具备判断能力。承揽就是营销业务,但把业务营销进来,只能算是投行承揽的基本功而已。在现实环境中,券商更看好由初阶岗位一步步升上来的中阶岗位人员去做承揽,而不是跨行业跳槽过来的中阶岗位人员直接做承揽。

因为很多半路出家的同行承揽投行业务,虽然营销能力确实不错，但往往对项目的评估过于乐观，这就造成业务风险很大，资本市场上很多烂项目，大多都是被这些人接的。但承做技术过关的人员去做承揽就很不一样了，他们在业务营销能力之外，对于项目能不能做、值不值得做，在承揽前期就能做出大概的判断，而不用在承做过程中再进行判断，这不仅能节省不少时间和精力，也能提前避免很多风险事件的发生。

所以，只有具备基本的判断能力，才是未来承揽工作能做得稳定、做得长远的前提。

第二，在项目执行过程中时刻推动项目。很多业外人士、入行没多久的新人，甚至是已经工作几年的初阶岗位从业者，会觉得在投行承揽业务比做纯粹的执行业务轻松多了，好像只要把项目承揽过来交给执行的同事，后面坐等拿更多的奖金就可以了。

其实不是的。为什么投行部门的很多领导都是承揽出身，或者投行的部门领导大多都在市场一线做营销业务而不是负责具体执行呢？并不是因为他们的级别高，而是因为在投行实务中，承揽并不是只负责把业务承揽到公司就结束了，他们在后续项目的执行过程中也要跟踪到底，而且不能只是简单地跟踪进度，还要积极推进整个项目的流程。比如在执行过程中遇到的很多问题，并不是执行人员自己就能解决的，仍需要最熟悉业务相关各方的承揽人员去协调解决。又比如，现在的市场早就变成了买方市场，很多投行项目在拿到批文后的销售阶段，单纯只靠销售岗位的同事很难轻松卖掉，很多时候都需要承揽人员亲自带着发行人去跑投资机构等。

所以，在投行业务的执行方面，通常承揽人员需要比具体执行人员负责更多，优秀的承揽人员也必须比具体执行人员负责更多。

高阶岗位

初阶岗位和中阶岗位都包含了不止一个职级，相对于二者，投行的高阶岗位就简单多了，只有董事总经理这一个职级。

不过，要提前跟大家说清楚，投行的董事总经理与投行部门的总经理是不同的，投行部门的总经理几乎一定是董事总经理，但董事总经理不一定是投行部门的总经理，很可能只是部门副总经理或者经理助理，甚至二者都不是。这是因为董事总经理与前文所说的分析师、副总裁、董事等职级一样，都只是投行技术职级序列里的一级，而总经理则与副总经理、总经理助理一样，是公司组织架构里管理职级的一级。

但就像董事总经理这个职级名称里有"总经理"三个字一样，"董事总经理"与"总经理"二者也有相同之处，那便是同样具备管理职能。投行部门的总经理需要管理整个部门，而董事总经理通常需要管理某个团队或者某个业务条线，比如有些券商的投行部门下辖很多业务团队，那么每一个或者每几个团队的负责人便是董事总经理的职级，这些团队也都由各自的董事总经理具体管理。再比如有些券商的投行部门下辖几个二级部门，有专门负责承揽、承做的,有专门负责销售交易的,那么这些二级部门的负责人往往也是董事总经理。

以上,就是对投行各个职级的具体介绍。当然,职级虽然是这样依次排序的,但不代表每一个投行从业者都必须依次升职。按部就班地升职,主要出现在职级架构体系已经成熟的大券商里。在大券商中,无论你有多么丰富的项目经验,也必须具备至少三五年的从业时间,才能从分析师一步一步升到副总裁。而中小券商投行部的职级架构体系可能尚未建立成熟,如果有的投行团队刚刚建立,人手不足,团队成员便需要承担更多的工作,在短时间内也就会有更多的执行经验和承揽经验,那么越级晋升的情况就会出现,比如两年内就从分析师升为副总裁,三五年就升为董事,这种情况在业内也时有发生。之所以说这些,是想告诉大家,投行是一个市场化显著的行业,职级的晋升并不一定是由从业年限决定的,但一定是由投行从业者们是否具备相应职级所需要的能力决定的。

投行从业者的真实收入

据观察,许多人关注投行这个行业,多数是因为报道称这个行业从业者普遍年薪百万。这类新闻确实很普遍。很多年前,当我刚大学毕业时,我和身边的同学讨论最多的也是投行有着很高的收入,年轻的毕业生对此趋之若鹜。

很多年前我找工作的时候，传闻投行的年薪就已经达到百万。按照这些年的通货膨胀率推算，那个时候的年薪百万差不多相当于如今的年薪千万。但是如果我告诉大家，如今投行的年薪能达到上千万，你们仍会像过去那样选择相信吗？我想，现在的信息资讯比过去发达多了，大多数人应该是不会信的。

所以，过去相信在投行工作能有百万年薪的我们，比现在的你们要天真。我们直到真正入行，才被现实狠狠地刺破幻想。

投行真的年薪百万吗

我刚入行时，月薪只有千元左右。千元左右是什么概念呢？那个时候，几乎所有的行业都是这么多工资。当然，也有收入高的行业，比如外资企业，报纸、杂志等媒体行业，这些行业的从业者每个月的工资接近万元，但是投行从业者的工资当时只有那么多。

如今，在大部分人的眼中，从事投行工作的人可能已经在北上广一线城市买车买房，而其他行业大多数的年轻人面对高房价只能深感无力。但他们不知道的是，我们刚毕业入行时的那点工资，面对当时的房价同样深感无力。我当初毕业后来到上海工作，很长一段时间也在租房，还是合租，生活环境非常糟糕。当时能租得起房还算好的，有些年轻的同行甚至连房租都付不起，最后还是找领导、朋友借钱，才能有一个住的地方。

说完住，再说吃。很多年轻人抱怨大城市的生活压力大，刚工作的时候，只能去便利店、连锁超市买包子豆浆当早餐，中午在公司周边吃商务套餐都觉得特别贵。而我刚参加工作的时候，吃的最多的是葱油拌面，肉包子是拿来改善伙食用的。

我当时也充满迷茫：这个行业的收入确实不低，但为什么我在这个行业中的收入不高呢？

后来，等我的收入真的达到年薪百万的水平时，才解开当初的困惑。在这个问题里面，有两点必须搞清楚：这个问题问的对象是谁？是在什么阶段问的？要知道，当你拿这个问题去问刚入行的年轻人，与你去问投行工作经验丰富的管理者时，所得到的答案是完全不一样的。

投行从业人员的收入主要由两部分组成，一部分是基本薪酬，另一部分是奖金。在基本薪酬这一块，对于入职券商总部的应届生来说，无论是在投行部还是在其他部门，无论是做股权业务还是债权业务，其实并没有太大差别。大部分券商对于不同部门的同一届入职人员，都会根据学历水平的高低来设定统一的薪酬标准，比如给研究生学历的应届生的基本薪酬（年薪），税前一般会是 8 万～15 万元。

几年前，在投行这个行业还有着不错的红利的时候，有些刚入行的新人确实能拿更多，但现在以及未来的很长一段时间内，投行的行业红利已经消失，所以新人只能老老实实地按照实际标准考虑收入问题。

当然，投行这个行业之所以有吸引人的高薪，主要是因为其收入水平更多是由项目奖金而不是基本薪酬决定的。那么,从业人员能拿到多少项目奖金呢?一般没有上限,但在正常情况下,项目奖金与个人在项目中所承担的责任是正相关的。

很多人可能会对此产生错误的解读,特别是一些年轻人,觉得项目材料是自己做的,所以自己就承担很多责任了。但事实上,责任指的是如果该项目出现风险或者问题,最终由谁来承担并解决。这就是承揽岗会比承做岗收入高的原因,也是投行部门的管理者比普通员工收入高的原因。因为通常这些人才是每个投行项目的第一负责人。

所以,从进入投行开始,项目奖金在从业人员的收入结构中所占的比重会从低到高逐渐攀升。这个行业跟其他行业相比,在职业前期拿到的工资其实差不多,但在职业的中后期,收入所能达到的上限是远远高于其他行业的。我想,这才是投行在收入方面所展示出的真正吸引力。

当然,大家还要明确的一点是,任何职业的收入都不是不劳而获的,而需要从业者具备足够的实力。投行确实可以提供一个获取高收入的平台,但选择这个行业后,能否保证在未来不被挤出行业,能否靠着实力往顶峰攀登,就要看自己的本事了。

投行的奖金分配制度

说到这里,我觉得有必要跟大家讲一讲券商在分配奖金时实行过但是不值得推荐的制度,比如"大包干"和"小包干"制度。

其中,"大包干"是指公司会跟投行团队谈一个分成比例,所有的成本都由团队自己出,相当于团队的收入是拿到的按比例分成与所有成本(如办公费、差旅费、薪酬、社保费用)之差,结余的部分才是团队真正的收入,年底根据盈利情况再发奖金。券商行业"大包干"的分配比例通常是"三七"或"四六",有些小券商甚至给"二八",当然,拿大头的都是团队。

而"小包干"则是指公司会跟投行团队谈一个相对于"大包干"来说较低的分成比例,团队拿的比例会比公司少。但团队员工的基本薪水、办公费、社保费用等均由公司承担,团队一般只承担项目所产生的差旅费。

但不管怎么说,"大包干"和"小包干"都属于过度激励。2018年3月,证监会发布《证券公司投资银行类业务内部控制指引》,明确规定:"证券公司不得以业务包干等承包方式开展投资银行类业务,或者以其他形式实施过度激励。"如今两年多的时间过去了,虽然行业里的券商大多不再实行业务包干的制度,但仍然有部分券商,特别是中小券商,为了招揽队伍,私下还在用各种变通的方式,实际执行着"业务包干"的制度。所以,该规定能否完全落地,还有待观望。关于收入分配问题,如果不建立一个稳定长效的机制,单纯靠一份文件是不可能完全禁止的,人性中总还是有贪婪和侥幸的成分。

第二章

如何成为一名投行从业者

第一步：读懂实习生招聘启事

投行这个行业，虽然本质上并没有大家说的那么遥不可及，但想成功入行成为一名从业者，也要跨过一个筛选的门槛，而这个门槛可能会比其他行业高一些。所谓门槛高，并不是像很多人想的那样，比如投行工作的技术含量比其他行业高，工作内容比其他行业辛苦，或者从业人员比其他行业的人能力更为突出，而是因为岗位数量和应聘者数量不平衡。

这就好比某家公司的薪酬福利特别好，虽然只招聘十名员工，但却吸引了几千人来应聘，那么应聘门槛自然就会高很多。进入投行的门槛，也是这样被抬高的。其影响便是，对于很多正在找工作的年轻人来说，如果没有投行实习经历，是很难应聘成功的。所以想要进入投行，第一步就是先获取投行的实习机会。

大家能否获取投行的实习机会，关键在于能否通过券商的实习招聘。这就需要我们提前做好准备，最起码也要提前了解投行的实习招聘究竟有哪些要求。这些要求看起来很简单，但有意思的是，如果你比较过各大券商发出的实习招聘信息，就会发现几乎所有招聘信息用的都是同一个招聘模板。我们随机挑选一家券商投行部门的实习招聘要求来看看。

> **招聘要求** <<<

1. 知名院校金融、经济、会计、法律等专业的学生，硕士及以上学历，特别优秀者可放宽至本科学历。

2. 具备良好的学习能力、组织协调能力、逻辑分析能力和沟通表达能力，具有团队合作精神和敬业精神。

3. 有IPO、并购、债券等资本市场相关实习经历者优先，通过注册会计师考试、法律职业资格考试等相关职业资格考试者优先。

4. 身体素质好，能出差，可保证至少三个月的全职实习。

怎么样，是不是觉得很熟悉？

没错，国内几乎所有券商的投行部在招聘实习生时都会要求这几条。那么问题来了，这种简洁、通用的实习招聘信息，能准确表达投行的真实招聘需求，或者说全部需求吗？

当然可以，只要你懂得去解读这些"招聘要求"。因为这些可以呈现在书面上的招聘信息，就像大海中的冰山一样，永远只会让你们看那些想让你们去看的东西。至于海面以下的冰山究竟是什么样子，很少有人能完整告诉你们。

给大家讲一个小故事。

小明、小张和小王三个人坐电梯去楼顶，小明在电梯里站着不动，小张在电梯里小跑，小王在电梯里做俯卧撑。当他们到达楼顶的时候，别人问他们是怎么上来的，小明说他是站着上来的，小张说他是跑着上来的，小王说他是做着俯卧撑上来的。

你们身边那些有过投行实习经历的同学和朋友，就是故事中的小明、小张或者小王，他们其实都没说错，但就像盲人摸象一样，他们只能看到自己的那一部分。而冰山的全貌，只有提出招聘要求的从业人员才真正了解，比如我。

下面我们先来具体看一下，上述招聘要求究竟代表了招聘者的哪些评判标准。

第一条有关学历的要求，其实与投行业务部门的工作需要没有直接的关系，之所以设置这个要求，主要是为了能更方便快速地进行简历筛选，后面会有专门的章节具体讲解筛选简历的问题。

第二条有关各种能力的要求，代表了投行业务部门对实习生工作能力的具体需求。比如"良好的学习能力"，投行是一个节奏很快的行业，新政策和新产品出现得快，这就需要实习生具备在短时间内掌握新知识的能力；提出"组织协调能力"这个要求，是因为投行作为资本市场的中介，在项目的执行上需要不断与发行人和其他中介机构沟通协调；而"逻辑分析能力和沟通表达能力"则是投行实务中最重要的两个基本工作要求，其中逻辑分析能力往往体现在撰写项目申报材料上，沟通表达能力则体现在与投行业务内部、外部各相关主体的沟通协调上。

第三条对实习经历和证书的要求，代表了投行业务部门对实习生专业知识的具体需求。具备相关的实习经历，代表应聘者对投行的实习工作内容有基本的认识；考过相关的证书，则代表应聘者具备投行实习工作需要的基本专业知识。

第四条其实是在展示投行实习工作的内容要求，比如"身体素质好，能出差"，代表这份投行实习工作可能会需要加班或者到项目地出差；"可保证至少三个月的全职实习"，代表这份实习工作是一个长期性的全职实习。

以上四条招聘要求虽然看起来很简洁，但已经包括了学历门槛、能力要求、专业要求、工作内容要求这四大方面，而这四个方面正是任何一家投行招聘实习生时都会重点关注和考察的内容。至于应聘者们应该如何在简历上体现这几个方面，下文会有专门的章节对此进行解读。

除了以上四项通用的招聘要求之外，有时候投行在实习招聘中还会提出一些特殊的要求，比如性别和性格。

投行招聘对实习生有性别要求吗

在"大力如山"公众号的后台，有许多女性朋友关心这类问题："听说投行招女生比较少，那么投行部门的男女比例是怎样的？女生做投行相对于男生有没有优势？"我很理解这些女性朋友，因为在一些实习招聘启事中，确实会标明男性优先。

首先，我想告诉大家的是，性别这个问题并不只是存在于投行这个领域，它是一个普遍的问题。投行这个行业并没有因为自身的特殊性而针对女性设定应聘要求，并强加不平等的待遇，之所以会出现这一要求，原因主要是招聘者的个人偏好和岗位要求。

关于个人偏好这一点，以我所在的部门为例，男女比例确实不平衡。但我们部门的不平衡，却是因为女性占多数造成的。之所以会出现这种局面，原因在于我的选择，而我的选择源于我的工作习惯。我在工作方面是一个非常注重细节，而且对细节要求很高的人。我在招聘实习生，包括正式员工时，首先会关注候选人是否细心严谨。女性往往在工作细心这方面，比男性天然有优势。同理，那些标明男性优先的投行招聘，也可能是出于个人的偏好，比如招聘者偏好善于社交应酬的应聘者，那么在这方面女性可能就不如男性更有优势。招聘者的个人偏好是应聘者们无法控制或影响的因素，因此对于这个原因造成的性别偏好，大家没必要有过度担忧，因为你能否遇到偏好自己性别的招聘只是一个概率问题，大家更应该关注的是岗位要求所造成的性别偏好。

前文对投行的各种岗位已经做过简单的介绍，比如券商投行部门主要分为前台、中台和后台三种类型的岗位，前台岗位包括承揽承做岗、销售交易岗，中台岗位是资本市场发行岗，后台岗位主要是质控岗。相对来说，前台岗位中承揽承做岗出差较为频繁，该岗位的实习生有时是需要长期驻扎在项目现场的，而投行的项目现场并不像大家想象中的都是在繁华的地方，很多是在偏远的县城，比如曾经有一位做生猪养殖企业 IPO 辅导的同行，就长期驻扎在郊区的养猪场里。所以很多时候，出于对实习生的安全考虑，招聘者会更倾向于招聘男性。但投行前台岗位中的销售交易岗、中台岗位中的资本市场发行岗，这些岗位出差的频率就很低，日常工作主要是与投资者和监管机构沟通协调，需要解决的琐事特别多，就比较偏好细心、专注的女性。

因此，当大家看到招聘要求中关于性别偏好的描述时，首先应该判断这是来源于应聘者个人的偏好还是岗位的偏好。如果是个人的偏好，那么能否应聘成功不应该过分纠结性别原因，而是应该去努力体现性别之外的其他优势，比如工作能力和专业基础。如果是岗位的偏好，那么除了需要努力体现性别之外的其他优势，应聘之前也应该考虑自己能否满足以及适应该岗位的性别偏好。

而在投行招聘中出现性格偏好的原因，与出现性别偏好的原因又有不同。

性格外向的人一定适合投行吗

在这里，我们再来说一说性格对投行工作的影响。之前也有一些朋友留言问我这样一个问题：性格内向的人，是否不太适合从事投行类的工作。

确实,在一些招聘启事上,有的机构会要求候选人性格外向优先。其实,这种简单表述的背后更多代表了投行某一类招聘岗位对于候选人性格的偏好。

大家判断一个人的性格是外向还是内向,通常依靠的判断标准就是这个人是否"能说会道",而这里的"能说会道"其实代表的就是一种沟通协调能力。请注意,我在这里所说的是"一种"沟通协调能力,因为在投行实务中,沟通协调能力的表现可以有多种方式,比如正式的邮件沟通、对监管问题的反馈等,这些都是"另一种"沟通协调方式。所以上文所说的性格偏好代表的是投行某一类岗位的招聘偏好,那么这个"某一类"岗位,指的便是更需要通过"能说会道"这种方式来展现沟通协调能力的岗位,即投行前台岗位中的"营销"岗,比如承揽承做岗位中的承揽岗位、销售交易中的销售岗位。

承揽岗位的人员在与企业客户打交道时,外向的性格可能更容易拉近与客户的距离;而销售岗位的人员在向机构投资者们推荐某个投行产品时,如果沟通能力突出,可能会让投资者们对这个产品更感兴趣。因此,应聘者在面对这类岗位的招聘时,往往会在面试过程中被重点考察"能否与面试官正常地聊天,甚至愉快地聊天"。但并不是所有的投行岗位都有如此偏好,就像承做岗位虽然同样需要应聘者具备良好的沟通协调能力,但更多是考察其反映在专业技术上的沟通协调能力,比如能否尽快组织好专业的语言，去简要准确地回复监管的反馈意见等，包括在执行具体的投行项目中，客户们并不会像对承揽岗位一样更偏好"能说会道"的承做人员，专注于项目实际进展的他们，过度"能说会道"反而容易引起客户的反感，毕竟在同等工作效率的前提下，沉稳的性格就会显得更加专注于工作本身。

因此，在不考虑具体的投行岗位的前提下，并不能说"外向的人就一定更适合做投行"，或者"内向的人就不太适合从事投行类的工作"，只能说具体到某一个投行岗位时，可能外向的人或内向的人去做会更有优势而已。

了解这些容易让应聘者感到困惑的问题只是第一步，就像在应聘投行岗位时还需要经历投递简历、笔试、面试等多项流程，最终才能决定是否可以留用，而这些流程才是真正的冰山所在。

第二步：做好敲门砖，点亮简历

想入行的年轻人，通常遇到的第一个门槛就是制作简历。

有很多朋友问我："我的学历不错，能力也不错，为什么连简历关都过不去呢？""那些不如我的同学都能收到面试通知，而我投了很多次简历，为何都没有消息？"

对于这些问题，很多朋友觉得是因为自己的简历做得不够好，但事实上这跟你的简历做得如何并没有太大的关系。

筛选简历的人是谁

要搞清楚其中的原因，首先要了解筛选简历的人有哪些。

负责筛选简历的，一般会是两种人：第一种是券商的人力部门人员，很多招聘信息是投行业务部门委托人力部门分发出去的，所以筛选简历也由他们负责；第二种是业务部门里低级别的普通员工，因为除了让人力部门分发招聘信息以外，拥有实习生招聘自主权的业务部门或团队，更多时候是自行发布招聘信息的，所以筛选简历的工作这时就落到了业务部门低级别的普通员工身上。有时候，人力部门筛选后，会交由业务部门再筛选一遍。

基于以上所讲，过不了简历关的原因同样也有两种。

第一种通常发生在人力部门筛选简历的时候，主要是因为候选人的学校和专业没有达到基础要求。如果是这个原因，恐怕让谁帮忙修改简历都解决不了问题。

第二种通常发生在业务部门，很有可能是因为投递简历的候选人太多，业务部门有时会遗漏，或者投递比较晚，候选人数已经满额，再投进来的简历就不会打开看了。

那么，第一道门槛的守门人是通过什么方式筛选简历的呢？就像我刚刚说到的，筛选简历的无论是券商人力部门的同事，还是投行部门的初级员工，这两类人在筛选的时候，其实主要关注的都是候选人的学校和专业。

我举一个例子来说明这一点。

如果有两个候选人,一个是从985高校毕业,另一个是从普通高校毕业,但普通高校毕业的候选人,个人综合能力要比另一位强一些。如果你是投行部门的普通员工,你是会筛掉名校候选人的简历,只留下普通大学候选人的简历交给领导?还是两位都留下,最终交给领导来决定呢?我想大多数朋友都不会擅做决定,顶多在给领导简历的时候,提出自己的建议和看法。

所以,负责筛选简历的初级员工,基本上还是根据大家比较认同的学校和专业标准去筛选的。而人力部门毕竟不是业务部门,没有专业标准,也没有更合适的方式考察候选人,通常也只能用学校和专业作为判断依据。方式虽然简单粗暴,但在大多数情况下还是有效的。

简单地说,筛选简历背后的第一条,就是应聘需求大于供给所导致的一种"名校偏好"。就像前文招聘启事中要求的"知名院校金融、经济、会计、法律等专业的学生,硕士及以上学历,特别优秀者可放宽至本科学历",这就明确体现出了"名校偏好",投行实习应聘的竞争非常激烈,这是一个我们无法回避的现实问题。当然,尽管在第一道门槛上会更关注候选人的学校和专业,但并不是说只看学校和专业。所以,对于那些在学历上不占优势,或者在专业上差距有些远的朋友,你们最应该做的,就是要在简历上突出自己的其他亮点,打破"名校偏好"对你的阻碍。

如何在简历中加入亮点

如果你像我一样做过投行的招聘者,那么就会明白每一次发出招聘信息后,很快就会收到大量的应聘简历,这导致我们看一份应聘简历的时间基本上不会超过 30 秒。30 秒其实是很短的时间,大概也就只够我们从头到尾粗略地看一遍简历,比如先看一下应聘者的学校和专业,再看一下相关证书资质,最后看一下实习经历和校园实践,就结束了。所以,要想通过简历吸引招聘者的注意力,特别是那些在学校和专业上处于劣势的应聘者,一定要在简历中加入一些亮点。如何在自己的简历中添加亮点?我认为必须朝着两个方向努力。

第一,多去相关的行业实习,投行暂时进不去,可以去找审计机构、律师事务所等其他相关的中介机构,但大家要记得,一定要选择相关机构里真正做资本市场业务的部门或团队。

什么叫真正做资本市场业务的部门或团队?比如在审计机构、律师事务所里,专门承接 IPO、并购、债券融资相关业务的部门或团队,就是做资本市场业务的。而审计机构里专门承接企业内审业务的部门,律师事务所里主要做诉讼类业务的部门,它们并没有涉及资本市场业务。

第二,努力去考一些比较有含金量,又与投行这个行业相关的证书,比如注册会计师证书、法律职业资格证书等。特别是那些在学校和专业上没有太大优势的朋友,可能很难找到相关行业的实习,那就更要在考证上多努力了,通过这些证书去体现自己的学习能力和知识储备。但要特别注意的是,不要为了一时轻松,就去挑难度较低的证书来考,比如 CIIA(注册国际投资分析师),用处其实并不大,大家都知道这种考试不难,所以业内也不会太认可。大家要记住,需要付出的努力越少,含金量就越低。

只有通过这两个方向的努力,最终简历中的实习经历和证书资质这两块内容才能形成亮点,进而不仅能帮助大家跨过第一道门槛,还能在接下来的面试征程中发挥更重要的作用。因为,业务部门对实习生招聘拥有最终决定权的高级别员工,是很少会考虑候选人的学校和专业的,而更关注候选人所展示出的能力。

为什么说拥有最终决定权的高级别员工很少会考虑学校和专业呢?主要有两个方面的原因:一方面是学校和专业作为第一道门槛,已经被筛选过了;另一方面是我们在考虑任何事时都会下意识比较投入成本和产出收益,就像大家就读的学校和专业,无论排名是否靠前,都不能代表在学校学到的知识就一定与投行的实务操作技能正相关。会考试并不代表会做事,成绩优秀也不代表人品就优秀,我们自然会全方面进行考察。

因此,业务部门在筛选候选人简历的时候,会更多地关注应聘者的实习经历和证书资质获取情况。包括在后续的面试阶段中,像学校、专业这种已经客观存在的能力展示,并不需要双方进行过多的深入交流,面试官们更多会把面试时间用在实习经历和证书资质的交流上。一方面通过交流了解应聘者具体的实习经历；另一方面通过交流了解应聘者是否具备所考取证书体现出的专业能力，进而验证该应聘者对投行相关工作的认知和操作的熟练程度。

总之，我们是否招聘一个实习生，更多是看他在面试中的表现，结合他的简历进行综合考察。所以，通过简历关的候选人也不能掉以轻心，还要好好准备下一关——面试。

第三步：踏踏实实，准备投行面试

概括地说，在面试时对应聘者的考察只有两点。第一，你为什么要来投行？第二，投行为什么要你来？

第一个问题考察的是你对待这份实习工作的态度。其实不只是面试，在前面的简历筛选阶段，也同样会对求职者的态度进行考察，只是一般人体会不到而已，因为你的求职态度会通过简历格式表现出来。

有一些所谓职场"专家"会指导年轻人做一份"花里胡哨"的简历，突出自己简历与其他应聘者简历的不同，以加深招聘者对自己简历的印象。其实这个方向完全是错误的，因为投行这个行业讲究严谨、专业，简历应该是一份材料而不是艺术品，在格式上不应该与众不同，如果真正想突出自己的不同，应该是通过简历的内容去体现。所以一份"花里胡哨"的简历反而会让对方觉得你的态度并不认真,只有严谨且专业的简历,才能够展示出你对待这份实习工作的认真态度。

什么样的简历才能体现出严谨、专业呢?这个问题的答案,与"投行实务中的申报材料怎样体现出严谨、专业"的答案是相同的,那就是"标准格式化"。一份"标准格式化"的简历,主要有以下几个要求。

第一,整齐的格式结构。在投行实务工作中,公司内部的质控、外部的监管机构在审核投行项目申报材料时,首先会注意的就是项目材料的格式是否整齐规范,简历也一样。简历排版上下、左右都要对称,整个简历看上去不能太紧凑,也不能太疏松,简历中对不同区域要进行合理的划分,重要内容要在简历中重点体现出来。

第二,合理的排列顺序。一份"标准格式化"的简历,从上到下应该依次是姓名和联系方式、大学和专业、技能、证书、特长、实习经历、校园经历等。其中大学和专业部分应该从最高学历填起。特长领域要着重填写与投行有关的内容,比如通过了注册会计师考试、法律职业资格考试等,熟悉彭博终端、Wind(金融数据和分析工具)的使用等。实习经历和校园经历这两部分,一般在简历中填写得最多,所以如果一页纸上没办法把两部分都填写完整,那么应该优先填写实习经历这部分内容,特别是与投行相关的实习经历。

第三,精准的文字表达。很多券商投行的质控岗在审核项目申报材料时，每发现一个错别字，都会对投行项目组进行处罚，监管机构也经常会对项目材料撰写粗糙的券商投行进行警示和处罚。因此，投行招聘人员对应聘者在简历文字表述方面的最低要求就是尽量不能有错别字。正常的要求是，应聘者在简历上的文字表达要准确，不能让阅读者产生歧义。再高一点的要求是，应聘者的简历在表述准确的前提下越简洁越好。总之，这三种不同等级的要求，应聘者能达到的等级越高，就越能吸引招聘者的注意力。

当然，通过简历去考察应聘者的态度并不直观，因此投行岗位的招聘者们更多是在投行面试过程中，通过问应聘者一些比较主观的问题，去了解他们对待这份实习工作的态度。比如，大家如果参加过投行的面试，应该经常会被问到"你为什么要来参加这次实习招聘""你对进入投行的兴趣有多大"等问题。

要想回答好"你为什么要来投行"这类问题，一定要明确问题中的"你"和"投行"是关键。虽然每个人的实习经历和校园经历都不一样，但回答的本质都是要把"自己"和"投行"紧密联系到一起。因此，有过相关实习经历的应聘者就可以回答"我曾经参加过投行的实习，非常喜欢投行的工作氛围和节奏"，同时举一些之前实习的相关经历作为具体依据。如果没有过投行实习经历也没关系，在回答该问题的时候，可以将你之前接触过的投行相关认知，特别是从这次招聘启事的应聘要求中所获取的投行认知，比如对学习能力、逻辑分析能力等的要求，与你的校园经历、考证经历紧密联系起来，比如你在校期间所学的金融财务知识，你在考注册会计师证书期间所学习到的财务分析技能等，提出希望将这些知识和技能运用到投行的实践工作中去。只有这种能够将"自己"和"投行"紧密联系到一起的回答，才能证明你确实认真思考过"你为什么要来投行"这个问题。

"你为什么要来投行"这个问题只是考察应聘者对这份实习工作的态度，但态度并不是一个可以量化的标准，而且它只有在你达到招聘要求之后才能发挥锦上添花的作用。因此，投行招聘者们在面试的过程中会更关注"投行为什么要你来"这个问题，即这份实习工作对你的要求。

还记得前文的那份招聘要求吗？"投行为什么要你来"这个问题其实就是考察你能否满足那些无法通过简历直观体现的要求，主要是能力要求和专业要求。

前文已经介绍过，能力要求主要包括良好的学习能力、组织协调能力、逻辑分析能力和沟通表达能力。专业要求则体现在对应聘者实习经历和证书的考察上。

对这些要求的考察，往往会通过面试中应聘者的自我介绍以及面试官就其相关经历进行提问的方式进行。所以，作为应聘者，大家首先要学会在简历上体现出与这些能力和专业相关的经历，其次在面试过程中的自我介绍环节，也要重点阐述自己的这些能力。而面试者对于应聘者所展示的能力，更多是通过双方交流过程中的一些细微之处进行考察。

那么，作为面试者，我们是如何具体考察这些细微之处的呢？

比如考察应聘者的学习能力，一般来说，仅仅通过几场笔试和面试是很难真正做到的。网上到处都是各种真假不辨的投行面试题库，没人知道你是不是事先熟悉了所有题库，做好准备才来参加笔试和面试的。所以，我们会先根据简历看一看各位的实习经历，主要看大家有没有投行实习经历，或者是跟投行有交集的其他相关行业的实习经历，比如审计机构、评级机构、律师事务所等。接下来会看有没有含金量比较高的相关证书，比如注册会计师证书、法律职业资格证书等。两方面都具备肯定是最好的，这样在指导这类实习生时会节省很多时间和精力。

大家可以回忆一下，前面所说的那些可以写到简历上的亮点是不是在这里又发挥出了重要的作用。

没错，同等条件下，我们一定是优先考虑那些有过相关实习经历的同学，以及考过了高难度证书的同学，哪怕这些同学在学校和专业上弱一点都没关系。毕竟，我们招实习生是要他来工作的，而有过相关实习经历，在工作上才更容易上手，考过了高难度证书，才能证明他目前的学习能力还不错。

我相信，最终能通过投行简历筛选的人，在实习经历、证书这些硬件方面，应该都不会有太大差距。所以，我们在投行面试过程中还会重点考察候选人的心态是否端正，这也就是通常所说的品德考察。面试中，我们一般会通过两种方式对候选人的品德进行考察：第一，看简历内容是否过分美化甚至造假；第二，我们会跟候选人聊一聊实习经历和校园经历，从而判断简历上所说的内容是否真实可靠。

为什么要考察这两方面？是因为我们在现实的招聘中，遇到过不少简历和实习经历造假的候选人。最近几年甚至出现了更过分的行为——花钱购买投行实习名额，也就是所谓投行"付费内推"，这种行为是绝不被认可的。"付费内推"也是我特别关注的一个问题，我曾写过不少相关的文章告诫年轻人要警惕，也呼吁同行进行抵制。这些文章不仅引起了媒体的重视，如《人民日报》《国际金融报》《中国教育报》《中国青年报》等媒体纷纷跟进报道，也让众多深受其害的正规金融机构，如瑞银集团、中信证券、广发证券等券商纷纷声明明确抵制该类行为。

付费内推：不可取

为什么说"付费内推"不可取？不仅是因为大多都是骗局，还因为这也是一种不值得推荐的行为，特别是对那些想靠自身努力进入投行实习的年轻人来说，是一种非常不公平的行为。

"付费内推"机构的操作套路无非就两种。第一种是大多数机构用的套路——"空手套白狼"。这些所谓可以帮你内推的机构，其实根本就没有真正的内推名额，无非是拿着大家的简历，广撒网式去投递。

如果真的有人通过它们获得面试机会并实习留用，它们就会宣称这是内推的功劳，但能被选中的真正原因，是因为候选人本身的能力已经达到了招聘要求。

如果一直都没能被选中，那么它们就会刻意宣称这是因为候选人的能力不够，甚至连内推的要求都达不到。之后，有的内推机构会退还一部分内推费，或者全部退还，但即便是全部退还，它们也没有什么损失，毕竟只是发发邮件，投投简历，这没有任何成本。

而有些"聪明"的机构，在上述方式的基础上又进行了更新，比如同时开发一系列的职业培训课程。如果这些培训课是收费的，那么这些机构在帮候选人投简历却投不中的时候，就有了两种新的营销套路：在帮候选人投简历之前直接打压，称其水平或者能力太差，必须先花钱买课学习；在投简历后，又用投不中的结果打压候选人，让他再付费买课，或者在购买内推服务的费用中扣除课程费用之后再退还。总之，主要是以培训收费为盈利基础，简历投中一个就挣一笔钱，全部投不中也无所谓。

如果这些培训课是免费的，则是将其作为引流的手段，让人先转发朋友圈或者微信群集赞，然后才能参加培训。这就和网上免费赠送研报或者PPT（演示文稿）资料包是一样的，靠着免费赠送的资料包，不断吸引目标客户。总之，这种方法仍然是以"空手套白狼"作为主要的盈利手段，通过引流增加客户，进一步提高蒙中的概率，然后去挣内推的钱。

又比如同时设立自己的简历搜集和投递"平台"。这种手段也是很多机构常用的，它们会通过爬虫软件或者人工检索，去各大金融机构的官网、高校BBS（网络论坛）、各大高校或者师门的微信群，抓取机构或者从业人员发布的招聘信息，将真正的投递邮箱抹去，换成自家的邮箱，再发到自己引流攒来的众多学生微信群里。

这样除了能显示自己掌握了很多信息以外，更主要的是还能获取学生客户的简历。而这些截获学生简历的机构，接下来就可以决定是否真的将这些简历投递给金融机构了。

如果再得寸进尺，就是联合各大金融机构一起做线上宣讲会。这些内推机构凭借自己手中掌握的学生群体流量去跟金融机构合作，比如帮金融机构宣传推广校招，为人力部门提供一个和学生进行线上交流的平台等。

但内推机构的真正目的有两个。一是借这种与正规金融机构合作的机会，利用对方给自己隐性背书，以此提升自己在学生心中的形象。二是借用帮金融机构搜集简历的说辞，从中截取学生投来的简历，打着公益的旗号，实际却是为了销售自己的"产品"。

针对第一种套路，我觉得有一句评价非常贴切，完全可以为此做个总结：原本并没有信息不对称，有些机构硬是创造出了信息不对称去收割韭菜。

至于第二种套路，就是付费购买实习机会，也就是真正的"付费内推"。

关于这一点，根本不需要为金融行业洗白，这就是一种不合理的现象。而且不像很多外行和年轻学生想象的那样，认为这种内推似乎需要金融机构的领导层批准，其实很多入职没多久的从业人员就可以操作，所以这种情况的出现概率是比大家想象中要高的。

金融机构的实习机会，特别是券商投行部、研究所的实习机会，主要分为两种。第一种是统一由公司人力部组织招聘的，比如每年寒暑假的实习生招聘。第二种就是业务部门自行操作的招聘，这种招聘有的会跟公司签订实习协议、发放实习薪酬，以现场实习为主；也有的不签订任何实习协议，不发放任何实习薪酬，以远程实习为主，这就是学生口中所称的"小黑工"。

"小黑工"指的是有些内推机构要求学生客户不许将这段实习经历写到简历上，或者在写之前先与自己的"职业导师"提前沟通，至于为什么写出来会敏感，各位心里应该有数。因为这位"职业导师"一旦被领导或者同行知道，可能自己就"凉了"。也可能他自己也是实习生，只是通过远程联系，把自己伪装成了在职员工而已。

之所以会出现这种情况，主要是第二种类型的实习招聘，在很多情况下并不是由业务部门领导实际操办的。这就造成了招聘漏洞，因为实际决定招聘这件事的是部门或者团队的初级员工，甚至有的初级员工会允许老实习生去招聘新实习生。有些初级员工的工资收入确实一般，那么面对第三方内推机构的诱惑就容易被拉下水。而且很多券商内部员工的联系方式都被贩卖给了内推机构，从业者经常会收到这些内推机构的骚扰邮件和短信，时间长了也可能经受不住诱惑。

总之，无论是第一种套路，还是第二种套路，正规的金融机构都是明确抵制的。而且这类不靠自己的努力去争取，而通过花钱买实习机会的行为，一旦在下一次实习面试时被面试官发现，也会因为弄虚作假给对方留下品德不佳的印象。"付费内推"不可取。

如果顺利通过所有招聘流程，那就意味着你拿到了投行的实习机会。但是拿到实习机会只代表你能进入投行实习，而实习过程同样处处充满竞争，不仅中途竞争失败的会被劝退，就连那些能够坚持到最后的实习生，仍会为了极其有限的留用名额面临再次竞争。

成为投行实习生

国内投行部门的实习生，工作内容一般分为两部分：一部分是基础性工作，另一部分是专业性工作。

基础性工作主要指投行部门的一般性事务，比如复印材料、整理资料、递送文件，甚至收发快递等，是更偏向行政类的工作。这一点与其他行业是一样的，唯一的不同点可能在于，投行对工作细节的要求会更高一些。因此，在正规企业中实习过的同学，在面对投行基础性工作的时候，只要自己多用心，是能够很快上手的，通常不需要正式员工花费太多时间去指导。

至于专业性工作，只是比基础性工作更贴近投行实务一些。毕竟，很多来投行实习的年轻人都还是读书的学生，他们在投行实务中的工作经验远远不够。专业性工作也指那些相对深入地参与投行实务的工作，比如与正式员工一起拜访客户、做访谈、参与项目的现场尽职调查，或者是做一些简单的材料撰写工作等。

一般来说，我们不会让实习生过多参与投行业务，更多的时候是让实习生打打下手。但是即便如此，这些工作也都属于投行实务工作的一部分。对于之前没有相关实习经历的同学来说，可能就需要正式员工多多指导他们。

除此之外，在投行这个领域，大券商和小券商在对实习生工作内容的安排上也有各自的特点。

比如一些大型券商，它们招牌大，名气响，招聘实习生就比较容易。但是这种公司，特别是央企、国企性质的券商，每个岗位都是"一个萝卜一个坑"，更别说投行部了，总体上，实习生的留用机会其实很少。因此有些大券商就不太用心培养实习生，毕竟将来不一定能留得下来，更多时候是让实习生处理基础性工作，接触专业性工作的机会相对会少一些。

至于小券商，相对大券商来说，其投行部门里的正式员工本来就不多，如果当年发展得不错，就需要招不少新人。实习生入职以后，对于那些比较优秀又愿意留下来的，这些券商就会重点培养，也会给其更多接触投行实务工作的机会。如果公司或者部门当年发展得不太好，那么不仅不会招新人，可能还会缩减正式员工的数量。在这种情况下，正式员工人手不足，自然也就会给实习生分配更多的专业性工作。

我举两位投行实习生的例子，来展示一下投行日常的基础性实习工作和专业性实习工作的不同。

国内某券商投行部门最近招聘了两位实习生——王大栗和牛星河，其中王大栗的实习经验丰富，曾多次在其他券商的投行部门实习，而牛星河在此之前从未有过投行实习经验。因此，这两位虽然是同一批次招聘进来的实习生，但实习期间被分配的工作会有很大的不同，比如牛星河被分配更多的是基础性实习工作，王大栗被分配更多的则是专业性实习工作。

牛星河某一天的实习工作安排如下。

早上8：00—9：00，提前到达公司，在早上9点前整理打印开会需要的材料；

早上9：00—10：00，旁听部门会议，做好记录，在会议结束后整理会议纪要；

早上10：00—11：00，帮正式员工或者领导，按照公司的报销要求贴发票；

早上11：00—11：30，整理某项目的申报材料，打印盖章页，找领导签字后寄出去盖章；

下午1：30—3：00，签收刚寄到的某项目底稿材料，按照部门要求整理并归档；

下午3：00—3：20，公司打印机缺墨，打印纸也用完了，找公司后台申领新墨盒和打印纸；

下午3：30—5：30，协助正式员工复核某项目材料，主要工作是检查错别字；

晚上7：00—11：30，继续复核材料，因第二天需要提交公司系统，今晚加班完成复核工作。

王大栗某一天的实习工作安排如下。

早上5：00—6：30，赶早班飞机，与正式员工一起出差，到项目所在地做尽调；

早上11：30—1：30，飞机落地后，按照正式员工的修改意见，完善需要递交给客户的项目建议书，并找复印店打印装订出来；

下午2：30—4：00，陪同正式员工拜访客户，旁听并做好访谈的记录工作，事后整理出会议纪要；

下午4：30—6：00，根据下午的会议纪要内容和搜集的公司资料，在正式员工的指导下，在酒店房间内完成融资方案建议书；

晚上6：30—8：30，与下午的客户一起吃晚饭；

晚上9：00—12：30，根据项目的具体信息，用公司的立项材料模板撰写完成项目立项材料，并发送给正式员工。

从以上两个实习生的日常工作可以明显看出投行基础性工作和专业性工作的不同，但投行的实习工作并不会根据基础性和专业性来划分高下，因为每一项都是投行实务得以完成的必要工作。同样，判断一个实习生是否优秀，也不会以他做的是基础性工作还是专业性工作为依据，因为无论是基础性工作，还是专业性工作，都有各自不同的判断标准。

好的实习生标准是什么

评判实习生优劣的标准是什么？是教育背景的高低吗？其实不然。

投行部门更多考察的是工作态度。比如前文所举的实习生牛星河的例子，他的实习日常大多是做一些基础性工作，这也是每一个首次接触投行实习的年轻人会经历的过程。这种类型的工作难吗？不难，任何一位普通的大学生，其所具备的知识水平，都足以掌握整理文档、记录会议、复核文字这类工作。但最终能否做好，主要看你的工作态度，这与从哪所学校毕业、学的哪个专业、考过什么证书，可以说几乎没什么关系。

至于能否做好专业性工作，除了需要端正工作态度之外，也取决于你是否拥有快速学习的能力。比如前文所举的实习生王大栗的例子,他在实习过程中需要根据正式员工的修改意见去完善项目建议书。一般在现实工作中,正式员工是不会手把手地教你修改每一句话的,只会简单地把修改意见告诉你,虽然哪里有不清楚的地方还可以请教,但同类型的问题顶多有一两次请教机会,所以如何把口头意见尽快完美落实到项目建议书上,就需要考察你的快速学习能力。就像我在之前告诉大家的,也许学校和专业能帮助你跨过第一道简历关,但在之后的面试中,包括在实习考察期里,更多考察的是你是否拥有高效的学习能力。

当然,也许有人会说,名校毕业的学生,投行相关的实习经历应该会更丰富,在专业性工作上可能会更容易上手。这是有一定道理的。但对于有相关实习经历和没有相关实习经历的实习生来说,就像王大栗和牛星河,可能连分配的实习任务都完全不同,我们当然也不会按照同一个标准去考察,否则就没办法对比出真正的学习能力了。

其实,大家有这样的想法,我也很理解。毕竟很多人心目中的投行实习生活也许是每天西装革履,跟随正式员工飞到全国各地拜访客户;又或许是跟正式员工并肩奋战,在打印室打印材料至深夜,同正式员工结下深厚的革命友谊。

但在现实生活中,投行实习生的真实一天,很多时候会过得平淡、枯燥。大部分的投行实习生就像牛星河,做的更多的是一些基础性工作,像收发快递、打印或复印文件等。即使能像王大栗一样被安排一些专业性实习工作，可能也并没有技术含量。比如前文让王大栗跟随正式员工一起拜访客户，可能只是为了充人数。让牛星河去检查材料，可能只是去复核错别字。这些就是投行实习生真实的日常工作。

听到这里，大家会对投行的实习工作感到失望吗？如果感到失望，说明你们只是站在自己的角度看待问题，而没有站在业务部门的角度去思考问题。

现在的年轻人都非常优秀，很多是在名校读书，也拿到不少含金量很高的证书。当大家来投行实习的时候，大多都以为自己马上就能投入到专业的投行工作中去。但是，当你们真的来到投行以后，看到领导安排的大多是一些基础性工作，这种反差很可能会让你觉得委屈，感觉有些大材小用。

但从公司和部门的角度看，招聘实习生肯定是有用武之地的。安排实习生做的工作，本来就是为实习生准备的，没有任何一家公司会安排实习生做一些无意义的工作，故意浪费时间，投行也不例外。

很多人觉得基础性工作的门槛很低，什么人都能做，好像让名校毕业生去做这些工作大材小用。但基础性工作也是投行日常工作的一部分，并不是完全不相关的。大家可以问问身边的朋友，谁不是从基础性工作一步一步积累起来的呢？

至于专业性工作，部门或团队领导肯定会先安排正式员工去做，毕竟他们更有经验，领导也更信任他们。再告诉大家一句实话，投行没有那么多专业工作交给实习生拿来练手。

最重要的是，实习期间对实习生的考察并不只是考察其专业水平，更主要的是考察其工作态度和学习能力。而工作态度可是不分基础性工作和专业性工作的，只要能帮助团队完成工作，那就足以体现实习生的价值。

为了考察实习生的工作态度，我们有时候甚至会故意安排最基础的工作给他们，来看他们的反应和工作结果。所以大家一定要记住，在实习期间对任何工作都要用心去做，因为正式员工随时都会对你的工作态度进行考察。

接下来我会和大家聊一聊，究竟根据什么来决定是否留用实习生。

实习生如何赢取留用机会

2000年，日本上映了一部根据同名小说改编的电影《大逃杀》，该片讲的是在未来世界中，会选出一些学生代表，把他们统一放到密闭地点进行生存竞赛，参赛者们要互相残杀，只有最后一个幸存者可以获胜离开。当时这部电影非常受关注，因为它隐喻了很多深刻的东西。

为什么要说起这部电影？因为接下来要给大家讲的是，投行实习生如何赢取留用名额的问题。

想要进入投行工作的年轻人，当然可以去幻想，也许在实习中遇到的都是关心自己的师长和相谈甚欢的同龄朋友，甚至还能找到心仪的对象，结束自己的单身生活。可惜，现实就是现实，在实习过程中，你们的师长在关心你们的同时，也会暗暗记下你们的表现，以衡量你们是否有留用的价值。那些跟你谈得来的同龄朋友，也许会在背后铆足了劲，想要淘汰掉你拿到留用名额。

听起来很黑暗吗？但这就是残酷的竞争，我们当然希望所有来实习的年轻人最终都能如愿进入投行工作。但多一个实习留用名额，其所在的团队领导、部门领导，未来就要多背上一个业绩指标。资本市场考察的是证券公司的业绩，证券公司考察的是投行部门或者团队的业绩，而投行部门或者团队的领导，自然也要考察想要转正的实习生的能力和潜力。

所以，大家一定要理解，在这种竞争激烈的情况下，实习生应该踏实努力获得公平竞争留用名额的机会，而不应该幻想用情谊来获取留用名额。说到这里，有一个话题无法避而不谈，这也是很多年轻人会有的疑问：券商投行部门的实习生，是不是有很多都是靠着关系进来并最终留用的？

首先要告诉大家，这种情况确实是存在的。但是，我可以负责任地说，也许投行从业者会让这些年轻人直接入场实习，但留用转正的名额，最终却很少会给到这些人。并不是因为从业者们都秉持公正，觉得这样对其他实习生不公平，而是从业者们也要为自己考虑，因为每一个留用转正的名额，最终都会转变为他们的业绩压力。

什么意思呢？打个比方，假如公司给投行部门设定的业绩要求是部门每个员工平均每年要创造100万元的收入，那么10个人的部门每年至少需要给公司带来1 000万元的收入。如果今年部门留用了两个实习生，那么人数就从10人增加到了12人，相应地，明年部门要给公司带来的收入也必须从1 000万元调整至1 200万元。所以，很多时候并不是公司不给投行部门新增员工的名额，而是业务部门确实不想招新人，招人计划是需要根据未来业务的发展提前规划好的。那么，这场通过实习争取留用名额的"大逃杀"究竟是如何决出胜负的呢？或者说，投行部门是根据什么条件，在实习生中选出可以留用的人呢？

首先，投行的实习生所具备的个人能力和素质，归根结底可以分为两类。第一类，我将其概括为硬实力，比如学校和专业、考取了哪些证书、在哪家机构有过实习经历等；而另一类则可以称为软实力，主要是一些无法进行量化对比的能力，比如工作态度、言谈举止，甚至三观。

一个人的硬实力相对来说是比较容易分出高低的。比如实习经历，通过简单交流，我们就可以基本确定简历中提到的实习经历是否属实。比如前文所说的实习生王大栗，他之前的投行实习经历是否有水分，首先从其平时的工作表现就可以看出来，项目建议书修改得是否完善、会议纪要能否抓住重点等，有过或没有实习经历，会交出差别很大的工作成果。其次，如果他的实习表现确实令人存疑，正式员工若仍想给他留用机会，那么肯定会私下询问他之前的实习单位，他的实习表现如何，再与他现在的表现做对比。

但对软实力的考察，难度就比较大了。短短的几场面试，只能帮助我们做出一个初步的判断，我们很难只通过面试就看清一个人，了解他的真实工作态度。因此，在对实习生进行留用筛选的时候，我们会更多地考察其在软实力上的表现。就像前文所说的实习生牛星河，因为他是第一次在投行实习，之前从未有过投行实习经历，所以除了相关学历、证书之类的硬实力之外，不存在对过往实习经历的考察，更多是考察他实习时表现出的软实力。他做的一些琐碎的基础性工作，比如底稿材料的归档是否符合公司标准、准备盖章文件时是否有遗漏等，都能表现出他在实习时的工作态度。

所以，实习生能否留用的决定因素是什么？这个看起来很复杂的问题，想通了其实就变得很简单。最主要的决定因素是个人软实力的真实表现。我知道有很多年轻朋友见多识广，比我们年轻的时候优秀多了，而且在面试中也都表现得非常出色。但是，如果在实习期间表现出来的并不是真实的能力，又觉得可以蒙蔽考核者，那么恐怕最终的结果就会让你失望。

所以在这里，希望看到本书的朋友要朝着自己应该努力的方向去努力，最终获得什么样的能力、达到什么样的水平，取决于你在实习工作中真实的展示。

实习未能留用该如何补救

有时候现实就像一张考卷，不会只有选择和判断这种客观题，往往在考卷的最后，会有几道分值很高的主观题。虽然你们朝着正确的方向努力，足以让自己答对所有的客观题，并且凭借这些题目获得的分数足够证明你已经达到进入投行的水平，但任何人都无法保证你能够百分之百答出最后的主观题。这并不是因为你们能力不够，而是因为评判这道题是否答对的标准，是谁也无法控制的运气、机会等。

所以，对于有些年轻人来说，最终没能获取实习留用的机会，毕业时无法直接进入投行工作，并不一定代表你们的能力达不到进入投行的要求。有可能是运气不好，只有很少的留用名额，或者当年不招新人。这种情况是很正常的，如果你们真的想要从事投行工作，千万不要因此自暴自弃，只要自己有能力，未来还有很多再进入投行的机会。

如果未能获取实习留用机会，毕业无法直接进入投行，而未来又想从事投行工作，应该如何积累，做好迎接下一次机会的准备呢？我认为最需要做的补救措施，就是去做和投行相关的工作，以此作为未来进入投行的"跳板"，这种性价比最高的方式，我称之为"曲线救国"。

为什么说"曲线救国"这条路是最具有性价比的？这是因为在你们工作之后，要想获得进入投行的机会，那就不再是通过校招了，而是只能通过社会招聘这个渠道。社会招聘相对校招有着很大的不同，其中最显著的一点就是，在社会招聘里，决定候选人能否留用的权力更多是在业务部门手里。而业务部门的负责人则会重点考察候选人的能力和人品，不会受太多其他因素的影响。

在这一点上，校招就不同了。因为大多数的校招都是由公司的人力部门去统一组织安排的，他们会为公司的前台、中台、后台部门进行统一招聘，甚至在名额的分配上也是由人力部门统一安排。在这种情况下，业务部门就得听从人力的安排。但人力部门的员工毕竟没有真正做过投行业务，他们无法完全用客观题的标准去考核候选人。所以在校招中，主观题就会更多地被拿来做参考，这就导致有时候主观题的考核占比会比客观题大很多。

另外，相对于校招，社会招聘还有一个自己的特点，也可以说是缺点，那就是社会招聘无法通过一段时间的实习来考察候选人的真实能力。虽说通过社会招聘入职的人一般都会有3~6个月的试用期，但在现实中，这个试用期起不到太大的作用。候选人往往只要能达到差强人意的水平，通常就被公司默认达标了。这是由两个原因造成的。一是对于一家公司来说，短时间内辞退候选人再重新招聘太麻烦，需要内部沟通、重新走人事审批流程等。二是因为在试用期辞退员工，不仅会对他的职业生涯造成负面影响，更容易引起人事纠纷，而且会影响公司在业内的名声。

所以很少会有公司在试用期内辞退候选人，除非在试用期内此人的表现非常差，实在不能留用。因此，在社会招聘时会特别看重候选人之前的工作经历，公司会偏向于从相同、近似的行业，或者与投行业务有工作交集的行业里招聘。这样就可以最大限度地避免出现候选人无法胜任投行工作的情况。

因此，社会招聘的这两大特点就使得"曲线救国"这种方式成为进入投行的一个重要途径。接下来你们就需要了解这条"救国"的曲线究竟是什么，或者说具体有哪些行业或者职业，更容易成为进入投行的"跳板"。

下面给大家具体讲一讲，作为投行业务部门的负责人，我个人比较看重的几个行业，以供你们参考。

首先，在我心中排第一位的，是其他金融机构中的融资业务部门，比如银行的投行部门、信托公司的融资部门等。这些部门所做的业务，都属于投行业务范围内的一种，跟券商投行中的债权业务相似。简单地说，这些机构同券商相比，只是因为各自的牌照不同，所以做出的债权类产品名称不同而已。从事这几个行业的朋友，在专业基础上与券商的投行业务是互通的。另外一点就是，这些朋友也是在资本市场融资业务的一线工作，很多时候他们所面对的客户群体跟券商投行所面对的客户群体会有一部分重合，所以他们跳到投行就相对容易一些，我们也比较认同这些朋友在投行承揽和承做上具备的潜力。

但有一点要向大家特别说明，对于一些在金融机构非融资业务部门工作的人,比如银行支行里的对公部门,特别是客户以小微企业为主的人,或者银行的柜员、大堂经理等,我们考虑起来就会比较谨慎。因为这些人虽然也在金融机构工作,但没有做过大型融资项目,或者说不具备一级资本市场的工作经验。那么在投行人眼中,他们几乎等同于一个新兵,如果他们来到投行,未来不仅需要比较长的时间转换工作思路、更新知识,也需要我们付出大量的时间去指导。如果他的人脉关系强到可以直接带来投行项目或者业务渠道,那么也没问题,我们会往承揽的方向对其进行考核。

排在第二位的是会计师事务所。但大家要记住,这里特指那些有证券从业资质的会计师事务所。对于其他普通的会计师事务所,投行并不怎么看重,因为投行需要的是从事资本市场业务的审计。

在国内,有证券从业资质的会计师事务所一般又会分为四大所(普华永道、毕马威、德勤、安永)和国内所(立信、瑞华、天健等)。而针对券商投行部门,做股权业务和债权业务的团队,对两类会计师事务所阵营会提出不同的需求偏好。比如做股权业务的团队,可能会更倾向于四大所;而主要做债权业务的团队,会更喜欢国内所里经常做债权业务审计的人。这是有原因的,相对于国内所,四大所的审计收费和标准都会高一些,这就导致国内的债权业务审计大部分是由国内所承接的。而对于IPO之类的股权业务,注重声誉和影响力的发行人,特别是资金和实力雄厚的发行人，会更多地选择四大所来做审计。比如国内已经上市的银行、券商等金融机构，每年的审计业务大多交给了四大所承接。

排在前两位之后的"曲线救国"路线，就是资本市场上的其他中介机构，比如评级公司、律师事务所等。需要大家注意的是，在这些中介机构中，我们也会优先挑选那些参与过投行相关业务的候选人，比如在评级公司里为各种债权业务做过评级，在律师事务所里参与过 IPO 项目中法律相关的业务，等等。而对于没有这些工作经历的人来说，可能跟其他行业相比就没有太大优势。举个例子，假如你在知名的律师事务所工作，但从事的是刑事纠纷领域，从未涉足过资本市场的法律业务，那么如果没有其他亮点，可能就很难转行进来。

也许大家觉得上面所说的"曲线救国"路线有点少。的确如此。但现实中，投行在进行社会招聘的时候，重点考虑的只有上面所说的几个职业。因为别说在金融行业以外，即便是在整个金融行业之中，投行这个细分领域也属于就业竞争最激烈的一个。特别是对于那些发展不错的券商团队来说，随时发布一条招聘信息，就有数不清的来自券商同业的简历，更别提来自其他行业的应聘简历了。

最后还想告诉大家，在你们身边可能有些同学能够获取投行实习留用的机会，毕业后直接进入投行工作。但这不代表他们就一定有做这份工作的能力，也不代表他们就一定比你们优秀。很有可能是因为他们运气好，正好遇到了合适的机会，赶上了行业扩招。对于这些运气好的朋友，希望你们在未来的工作中能珍惜自己获得的机会，千万不要错把运气当成实力。毕竟投行这个行业，知识和人员的更新迭代都是很快的，尤其是在整个行业发展波动比较大的时期，对个人能力的要求只会越来越高。如果你们进入投行后就放松了自己，而不是努力进步，那么同样会被行业淘汰。

跨行转入

到这里，可以说我已经带领大家完整地走过了投行实习生的入门之路，现在我们来和那些打算半路出家的朋友，具体聊一聊社招如何转投行的问题。这个问题其实挺复杂的，因为它说难也难，说简单也简单。

先来说难的地方。难的地方就在于，有很多人其实不是真心想进入投行工作的。换句话说，有些人在了解完投行工作的真实情况后，也许就没那么期待了。

在之前的内容里，我很少会"劝退"大家，因为对那些尚未参加工作的年轻人来说，无论他们是否真的喜欢投行，我都希望他们能先来体验一下真实的投行，毕竟对这些年轻人来说，任何职业都是新鲜的，应该先体验，再决定是去是留。

但对那些跨行转入的人来说，我的意见是，无论你们现在从事何种行业，都不应该再像过去尚未参加工作时那样，轻易就喜欢上另一个行业。特别是那些从事与投行完全无关的工作的人，更要慎重。

首先，你所看到的投行工作与实际的投行工作是两码事。就投行的 VP（Vice President，副总裁）职务来说，它并不像大家通常所理解的其他行业里的高管，而只是投行 MD 职级序列中比较低的一个职务，VP 的中文名称"副总裁"，很容易给行业外的人造成它是投行高管职位的假象。其实，在大券商里能担任 VP 职务的，一般只需要有三五年的工作经验，而在小券商里，甚至一两年就可以获得该职级。在现实中，这个误解也经常闹出笑话，比如某地国企准备踏足资本市场业务，某家投行便联系见面拜访，拜访名单里列了好几位副总裁，该国企为了表示尊重以及接待级别对等，召集正在国外出差的集团高管都特意赶回来参会，结果发现来的"副总裁"都是年轻人，然后才知道是对职级名称产生了误解。从此再有投行副总裁来拜访，连相关部门的负责人都不会出席了，只派出普通经办人员接待。

如果投行人员称自己"参与过重大融资项目"，并不代表这个项目是由他来推动的，可能就像之前举的实习生牛星河的例子，只是在投行实习时为某个项目材料复核检查过错别字。若投行人员说自己在某项业务中与某位企业高管谈笑风生，就更可笑了。因为投行业务的特殊性，监管都会要求在业务开展过程中对客户高管进行访谈，作为尽职调查工作的一部分。高管访谈这种程序性的实务工作，通常会分配给基层员工带着实习生完成，这就是大多传闻中所谓"谈笑风生"的真实情况。

如果投行人员晒出了自己"高大上"的差旅照片、高额的信用卡消费流水单，也不必羡慕，因为这些都是投行业出差频繁的工作性质决定的。其实"高大上"的出行只会偶尔出现在上市路演的过程中，平时的项目执行早已下沉到四五线城市，甚至会去县里和乡镇出差，行程和住宿有多艰苦，只有亲身体会才能感知。而高额的消费流水也都是工作需要的差旅支出，跟个人的收入水平实在是没有太大关系。

以上这些被业内某些人营造出的假象，看起来确实吸引人。但如果你真是因此而对投行有所期望，恐怕在接触到投行的从业现实后会大失所望。

当然，也有很多业外人士，特别是所在的行业平时会与投行有交集的人，虽然对投行的一些现状有所了解，但他们也会遇到其他误区。比如投行是一种周期性行业，当资本市场繁荣或者政策鼓励直接融资的时候，投行业的发展前景比较乐观；但当资本市场衰败或者政策不鼓励直接融资的时候，投行同样会出现行业寒冬。

比如在2013年初，全国中小企业股份转让系统有限责任公司正式揭牌运营，由此开始形成非上市股份转让的全国性证券交易场所，新三板这个投行细分领域开始脱颖而出。当时国内资本市场对新三板的期望很高，上市门槛大幅降低、各地政府对新三板挂牌企业提供高额资金补助、监管机构大力扶持等行为，让国内几乎所有的券商都很快建立起专门的新三板业务部门或团队，崭新的行业自然需要大量招聘从业人员，很多投行业外的人，就借助这个时期进入了投行业。但是新三板市场的这把火，并没能烧很长时间。先是各地政府对新三板挂牌企业的补贴开始消失，监管的扶持政策也开始减少，直到五年后的 2018 年，国内 A 股全年换手率是 124%，新三板的换手率仅为 5.31%，很多券商便直接撤掉了新三板部门，大部分新三板从业人员也因此失业，很多都离开了这个行业。

总之，讲了这么多，就是想要告诉那些跨行转入的朋友，你们想转投行没问题，但一定要先充分了解自己意向中的行业究竟如何，不要那么轻易就做转行的决定。最起码先把本书看完，在对投行有了真实的认识之后，再去追求自己的投行梦。

社会招聘

好了，聊完难的方面之后，我们再来解释一下简单的方面。

在各位确定自己真的想转投行后，只需要按照两步走。第一步是先评估一下自己的能力，看能否达到投行的社招条件。第二步，如果对照后觉得符合要求，就大胆地去应聘，机会总是不断试出来的。

那么，投行社招一般需要应聘者达到怎样的水平呢？

要回答这个问题，首先需要先搞清楚，投行的社招到底要招什么样的人。一般来说，投行主要招聘两类员工。

第一类是承揽岗位，也就是为公司承揽业务的，主要是招那些可以直接带来投行项目或者业务渠道的人。这就需要我们先了解清楚投行都做哪些项目，再根据这些项目来确定自己是否具备营销相关客户群体的能力。比如想要承揽股权类的IPO项目，就需要营销那些尚未上市且有上市意愿的企业，同时这些企业还要符合上市的条件；如果想要承揽债权类的企业债项目，就需要营销具备发债意愿的地方政府融资平台，而且该地方政府融资平台也要满足企业债的发行条件。

第二类是承做岗位，主要是执行投行类项目。比如股权类的IPO项目，要清楚尽职调查的步骤主要有哪些，确定进场后的工作应该如何开展，申报材料包括哪些文件以及每份文件应该如何撰写，等等；债权类的企业债项目，要清楚地方政府融资平台的评级需要达到什么级别，达到相应评级对财务数据的要求分别是什么，企业债的募投资金用途主要有哪些，市场上最近发行较多的企业债募集资金用途又有哪些，等等。

从上述两类工作的要求可以看出，绝大多数普通人或者刚工作没几年的年轻人，更适合应聘承做岗位，这也是适合作为投行历练起点的岗位。

如果对照完发现自己尚不满足投行的招聘要求，没关系，就像在之前的内容里，我给那些毕业后不符合条件，不能直接进入投行的人介绍了"曲线救国"的方式,在这里只需要进行两次"曲线救国"就有可能进入投行。

王大栗和牛星河,分别代表接下来案例中的一类人。

会计师事务所

对于即将毕业的学生来说,进入投行的"跳板"职位,按照优先级排序分别是:其他金融机构的融资业务部,具备证券从业资质的会计师事务所,评级机构、律师事务所中与投行业务有关的岗位。但是对于已经参加工作的人,这个顺序需要调换一下,优先考虑的应该是具备证券从业资质的会计师事务所。

之所以将其排在首位,主要有两个原因。第一,会计师事务所的准入门槛较低。这里所说的较低,是跟其他金融机构的融资部门相比而言。而且会计师事务所,特别是处于审计忙季的国内所,招聘的门槛还会更低。可以说,如果你能考过注册会计师考试,甚至只考过审计、会计这几个重点科目,同时对薪酬要求又不高,那么即便没有多少财务相关的工作经验,一般也很容易应聘成功。

第二,会计师事务所与你现在所从事的行业,多少都会有些交集。因为无论是四大所还是国内所,基本上都做过国内大部分行业的年审,特别是当你现在所在的单位在行业里排名比较靠前,那么很可能正在为你目前的单位做年审的,就是具有证券从业资质的会计师事务所。

所以，想要转入投行的朋友，就可以多关注在会计师事务所中专门负责审计贵行业的招聘机会。你去应聘这种与本行业相关的岗位，不仅更容易成功，未来也可以更快地适应新的审计工作。但大家要记住一个前提，即注册会计师是一定要考的，特别是之前没有从事过审计工作的朋友。

至于其他"跳板"的排序，就不用变了。

等待最佳机会

第一次"跳板"成功之后，如何进行第二次"跳板"，才能成功进入投行呢？第一次"跳板"成功，其实就代表你已经基本符合投行招聘的要求，刚刚也简单提到过，那就是要努力等待合适的应聘机会，下面具体讲一讲，这里的机会究竟是指什么。

首先，大家要知道，上文所说的进入投行的"跳板"，比如会计师事务所、评级机构、律所等，这些机构作为资本市场中介机构的一员，它们平时的工作与券商投行部门都有着很大的交集。因为券商的投行部门无论是做股权业务，还是做债权业务，在项目上都需要经常与这些中介机构进行合作。所以，相对于其他行业，从这些"跳板"转入投行，都可谓"近水楼台先得月"。

而"合适的应聘机会"，就是多去这些部门自荐，或者拜托它们将你推荐给其他券商同行。如果自己有明确想去的机构，而且之前也有过合作，就可以直接去谈。若是想去之前从未合作过的机构，可以去找那些合作过的投行朋友，让他们帮忙引荐一下。这就要求我们在平时做业务的时候，多留心交一些从事投行工作的朋友。平时多融洽相处，当对方缺人手的时候，说不定就会主动邀请你加入，而这都是业内经常会发生的情况。比如，我有不少同事是以前其他中介机构的合作伙伴，我们在业务上合作愉快，他们的专业能力也让人信服，那么当投行有招聘机会的时候，我就会第一时间主动告知他们，甚至会为他们的经验和人品背书。

至此，有关如何进入投行的各种方式，以及针对每一种方式需要提前注意的问题，基本上都已经告诉大家了。下面为了能让大家更好地吸收和理解，针对投行的实习生和正式员工招聘，我特意准备了一些网友常常咨询的问题，以及针对本书内容做了调整的问答。

有关投行职业的快问快答

1. 国内投行与国外投行有什么不同？

本书后面部分将会介绍国内投行的发展历史，以及我对国内投行与外资投行的看法。从中大家可以具体感受国内投行与国外投行的区别。对于我们国家来说，投行这个行业本就是一个舶来品，其建立和发展的大方向，都是以国外投行的发展轨迹为参考的。当然，我们实际走的发展道路，并不是完全沿着国外的轨迹，而是根据国内资本市场的发展程度进行调整的。国内资本市场的束缚，决定了国内投行的产品看起来要比国外少，似乎也更低端。很多人会认为，这是因为国内投行专业技术落后。其实在专业技术方面，目前国内投行并不比国外差多少，就像我在书中说过的，投行本身并不需要特别高深的专业技术，更多需要的是一种解决问题的能力。所以，我个人认为，国内投行与国外投行的区别，更多体现在市场、监管等宏观层面，而在投行业务的本质上并没有太大的区别。说得再直白一些，微观的区别主要体现在个人能力的不同，仅此而已。

2. 有哪些本土投行最有竞争力？本土投行和国际投行哪个更有竞争力？

这个问题，其实我在本书开篇已经说得很清楚了。在这里，我再简单补充几句。其实，在我们国家，从投行这个行业起步开始，最有竞争力的就一直都是内资券商。比如很多人都想进入的中金公司，虽然它是国内第一家合资券商，但实际控制权一直掌握在内资股东手中。

我做一下解释，大家就清楚为什么了。投行的客户可以简单地分为国企、民企两大类。对于国企这种单位，大家觉得它们的投行业务会找外资还是内资券商来做？大家可以上网了解一下，很少有外资券商可以单独为国企做承销，即便有外资券商参与，大部分也都是与内资券商联合做承销。而内资券商，特别是背景比较深厚的，出现的频率才最高。至于民企，资金雄厚到可以请外资券商的肯定是少数，而大到"独角兽"那样的民企，其实规模也跟国企接近了。另外，新出台的政策规定在金融行业放开对外资的限制。对于这项政策，我是很赞成的，毕竟未来两年券商面临的监管环境会非常严峻。也许会有不少小型券商被收购或兼并，而外资金融机构的到来，可以帮助国内填补一些就业空缺。

3. 银行的投行部与证券公司的投行部在工作内容和职业发展上有哪些区别？

最大的区别在于股权业务，券商投行自始至终都有垄断牌照，人才和技术也都是最专业的，这一点毋庸置疑。但券商并没有守得滴水不漏，银行得益于自身的网点和资金优势，很多股权业务背后都有它们的影子。比如在新三板业务上，有些银行会在内部设置专门的部门去承揽业务，然后再推给券商挂牌，挂牌后的融资也会由银行继续主导。对于债权业务，虽然双方在细分产品上有细微区别，但无论是债券、资产证券化还是非标业务，银行都占据市场上的主导地位。因为绝大多数的资金都来自银行，特别是债券和资产证券化业务，而且银行在细分品种上还有着近乎垄断的承销牌照。即便券商有着垄断承销牌照的企业债和公司债，大部分项目端和资金端也都被银行所掌控，银行还几乎完全掌控着中票和短融的业务牌照。

但银行投行部门的问题是，大部分业务都已经形成了稳定的生产线，个人或小团队很难把握整个业务链条，这就造成虽然在岗位上越做越熟练，但始终跳不出局部去感受整体。同时，生产线上的人很多，也很难赚到大钱。但券商就不一样了，优秀团队的个体户性质越来越强，特别是中小券商，不仅业务上从前到后可以由单个团队全部负责，更能在利润分配上跟公司进行谈判。

4. 很多人认为，应届毕业生去做 PE（私募股权投资）的话，得不到体系化的培训，没有资源和人脉，就算去了也只是打杂，两三年内掌握不了核心技能，不好跳槽，倒不如去投行打好基础，是这样吗？

这个问题我觉得很有意思，不知道提问的人为何要把投行作为基础，准备先来投行，再跳到其他的行业。我个人认为，现在很多 PE 不如投行。毕竟在国内资本市场，特别是做一级市场的，投行是目前历史最长、体系最完善的行业，PE、VC（风险投资）与投行比起来，培训也好，成长也好，都没有投行的体系化程度高。

5. "双非"（非985，非211）院校毕业生从事金融行业是否有出路？

"双非"院校的毕业生想要进入投行确实有点难度，至于原因，我想大家都清楚。投行的应聘竞争是非常激烈的，未来的对手中有很多清北复交学校的毕业生，还包括从常春藤联盟学校留学回来的青年精英。我无意虚假安慰，说什么投行招聘完全不考虑学校和专业的差距，我们确实会考虑到这些，这是一种普遍存在的评判方式。但是，学校和专业不如竞争对手，并不代表一点机会都没有。我在第一章中讨论过这个问题，大家可以认真看看，平常还是要注意多多积累，提高基础能力。

6. 想要进投行，如果本科背景是国内一般985，考研失败的话，还要接着再考吗？本科生有没有希望？

我可以明确地告诉大家，现在几乎所有券商都要求研究生学历，不是说业务部门觉得本科毕业生能力不足或者有别的问题，我们其实很愿意一些实习时间长、做事靠谱的本科同学加入。但这个规定是业内普遍设定的准入门槛，业务部门通常是没办法突破的。所以我在这里建议大家，如果可以，尽可能提高自己的学历，至少是研究生学历，这会增加你进场的机会。

7. CFA（特许金融分析师）对进入投行执业有帮助吗？

CFA 证书其实含金量不低，但是相对来说，我们还是会将其排在注册会计师证和法律职业资格证后面考察。因为 CFA 的考察体系更适合二级投研岗位，但是做一级投行的话，还是更青睐注册会计师。这就是两种证书最大的区别。

8. 英国、新加坡的一年制金融研究生，比国内研究生的含金量少吗？

关于这个问题，我想说，大家不要觉得我们不招或者应聘难度大，就代表了一年制研究生比国内研究生含金量差。我们并不是对学校、专业有意见，而是因为学制毕竟只有一年，所以在实习经验方面，跟国内的研究生相比，差距会比较大，国内研究生一般为两年或三年制，所以他们会有充足的时间去积累自己的实习经历。

9. 国外一年的金融机构实习经历，和国内一年的金融机构实习经历对等吗？参加国内券商的招聘时，国外类似的工作经验是否有用呢？

首先，我个人认为，国内外的实习经历不能等同，各有利弊。国外的实习经历可以让你的视野更开阔，但相对来说，国内的实习经历"更接地气"。但无论你在国外还是国内实习，都只是一个经历而已，本质上，我们更看重的还是个人能力能否通过实习经历得到锻炼。

至于在参加国内券商招聘时，国外类似工作经验是否有用这个问题，我个人认为，在国外金融机构工作的经历确实是一个很好的加分项。但要注意的是，你在国外所从事的一定要是相关的工作才有价值。否则，就像跨行找工作一样，无论是国内还是国外的工作经历，在招聘方眼里的含金量都不高。

10. 国君、招商这类券商投行或资管部门在招收海外留学生时会卡排名吗？

要想知道这个问题的答案，首先，大家需要了解一个现实情况，就是现在去海外留学的学生越来越多，每年我们收到的简历有很多来自海外留学生，他们的学校也都不错，大多是常春藤名校。但是现在海外名校那么多，有些可能都没有听说过。

在这里，我想告诉大家，不要过于担心自己的学校是否知名。特别是当你读的不是常春藤名校时，在我们眼里，名校排名其实没有差别。想要进投行，更多要提前准备的是，如何在实习经历和考证这两个方面追上国内院校的同学，缩小与国内同学的差距。

为什么我说存在差距呢？因为在海外读书的留学生，回国参加国内金融机构的实习确实很困难。而国外正规金融机构的实习竞争要比国内激烈得多。至于考证，很多考试也需要回国参加。这就是留学生遇到的现实困境，要想从其他方面弥补短板，说实话,没有更好的方式。即便我们了解你们的困境,也不可能为你们改变考察实习生的方式,所以你们应该做的是直面这个困境,不要想着去绕开它,而是尽自己最大的努力多找实习机会,多考一些国内认可的有含金量的证书,比如注册会计师证和法律职业资格证。

11. 关于投行校园招聘,在通过面试后是否仍然需要经过实习,再次筛选最终才能留用呢?

大多数国内券商在候选人通过校招面试后,仍需要对他进行至少为期三个月的实习考察。虽然名义上是考察,但更多是让候选人提前体验公司和部门的氛围,以方便正式工作后能更快地融入。实际上,只要在这段实习期不出现重大工作失误,一般是不会被筛掉的。而且这种招聘都是"一个萝卜一个坑",如果有被筛掉的,会重新补充新招聘,而不是只有5个岗位需求,却找来10个候选人实习。所以,通过校招面试的新人们,需要做的就是在实习期间正常表现,而不是患得患失,不用给自己太大的压力。

12. 一般来说,对实习时间的要求是怎样的,一定要保证每周5天全勤吗?

说实话,我们会优先选择能保证5天全勤的实习生。因为投行这个行业出差机会比较多,如果每周能来实习的天数很少,就很难安排实习生出差了,那么这种实习生也就只能在办公室做一些文字工作。当然,因为很多实习生还要上课,难以保证每周5天的实习时间,所以,每周的实习时间一般会安排最少3天。如果每周3天都满足不了,那么我们在给实习生分配工作任务时,就会有些为难了。

13. 很多人都说在投行部门实习,要参与客户现场工作才比较有含金量,是这样吗?

对于投行实习的工作内容,我在书中已经做了具体介绍。相对于在办公室做一些基础工作,去客户现场体验确实更能锻炼人。一般我们在分配工作任务时,首先考虑的是实习生是否具备出现场的能力,这需要加以客观考察,而不是听取实习生的主动申请。而且考察这种能力的依据,就是实习生做基础工作的态度和水平。所以,我建议大家对待实习工作要始终如一,而不是在基础工作上懈怠。如果你有冒进的想法,大概率是不会被安排去项目现场的。

14. 实习工作忙的时候挺忙,闲的时候也挺闲。如果手头没有工作,是否应该向上司主动提出分配其他工作来做呢?

应该主动提出,而且要在完成上一份工作任务时就主动提出。一是实习时本就应该更积极主动一些,毕竟做的工作越多,得到的锻炼才越多,同事和领导也更能看到你的积极态度。二是现实中有很多同行,其实并不会主动培养实习生,一般都是有工作就安排,如果暂时没有工作,可能就想不起来去引导实习生自主学习了。所以当实习生主动说自己有空余时间,如果还有其他工作,领导自然就会安排给你,即便没有多余的工作,也会主动安排你去学习与工作相关的内容。当然,在主动要求分配工作的时候,还要注意场合和方式。如果看到其他同事有事在忙,可以主动询问是否需要帮助;但是如果其他同事也都在闲着,再去要求工作就不太合适了,这时应该主动向同事询问如何学习相关业务知识。

15. 本身不是特别擅长社交,虽然在投行日常工作中的表现还算得体,但心里经常会觉得害羞和不好意思,那么是不是需要在社交方面做得更好一些呢?

对于年轻人来说,想在短时间内提高自己的社交能力不现实。虽然有很多书上说,只要掌握某项原则,就能在社交上游刃有余,但是说实话,社交这种能力其实是没办法一蹴而就的。因为要掌握任何社交技巧和技能都需要一个长期的过程,并不是说现在背会了几条社交原则,以后在实践中就不会犯类似错误。相反,良好的社交能力大多是由自己过去的经验和教训积累而来的,而经验和教训的积累同样需要一个长期的过程。

所以,对于投行新人来讲,刚开始在职场上只要能做到得体就足够了。至于害羞和不好意思,只是因为新人对职场环境还不熟悉，未来随着你对工作环境、周围同事越来越熟悉，这种害羞和不好意思是会逐渐消失的，现在没必要对此太过担心。

16. 投行的客户会很重视投行的专业能力，并以此作为选择中介的依据吗？投行的承揽岗位真的很看重与客户的私人关系吗？

我个人的观点是，专业能力和关系就像硬币的正反两面。如果说投行很看重与客户的私人关系，其实也相当于说很看重专业能力。这是因为在现实中，很多业务确实是靠"个人关系"承揽的。但这个关系很少是"天生"的。就像我在书中具体介绍的，承揽岗大多都是从承做岗一步步做起来的。之所以能够顺利转型，是因为当初在承做岗的时候就靠着自己的专业水平和靠谱态度，被同行、客户逐渐认可，然后慢慢地形成自己的关系网，也就有了自己的客户群。这些关系网、客户群，就是我们所说的与客户的私人关系。而这些私人关系，更多是依靠你的专业能力而产生的。所以，投行的专业能力和关系，在一定程度上是无法分割的。

17. 投行的技术是指什么？学到什么地步才能独当一面？经常听人说某家券商做的项目质量高，那么对一个项目而言，什么叫作质量高？

"投行的技术"，听起来似乎很高大上。但在投行实务中，技术其实是一个"平易近人"的词。投行的技术，我认为本质上是解决问题、推动项目的能力。至于学到什么地步才能代表独当一面，就像我在书里所说的，当你能够独立负责一个项目，也就是具备解决问题、推动项目的能力的时候，就代表你所具备的投行技术可以独当一面了。

至于什么叫作质量高，同样不需要多么高深的解释，质量高体现在工作的细节上。其实在投行从业人员之间，特别是在承做岗位之间，专业水平并没有太大的差别，差别更多体现在对工作的责任心上。一个投行项目，究竟谁做得更好？我想，一定是那个在工作中事事都追求细节完美的人。所以这就要求我们在刚接触投行工作的时候，不能着急和浮躁。特别要理解"工作上的任何事情都不是小事"这句话，努力形成注重细节、追求完美的习惯。

18. 领导布置的任务，我不知道什么时候能够完成，是应该在短时间内就给一个答复，还是用更多的时间尽量做得精细一些？

面对领导的工作安排时，如果领导没有强调尽快完成，或者没有告诉你此项工作的交接时间，就一定不要太着急递交工作结果，尽量多复核几遍，特别要注意那些容易出错的小细节，多打磨几次。直到自己觉得满意的时候，再把工作结果交给领导。记得在交任务的时候，试着了解一下领导对你的工作效率是否满意。如果不满意，之后就提高效率、缩短时间。如果满意，就重点了解领导对你的工作质量的评估，后续工作就不用将精力过多投入在完成时间上了。当然，如果你觉得上述这些步骤把握起来有些复杂，那么还有一个简单的方法，就是每次在收到领导的工作安排时，主动询问时间安排，然后在截止日期之前，尽量提前完成并多复核几次。

19. 有人说越是愿意通过校招培养人的公司，未来越是有巨大的发展空间，而没有前景的公司才会忽视校招，通过社招找熟手，随招随用。金融行业是否存在这种情况呢？

我自己在建立投行团队时，就选择了以校招为主，而很多同行选择了以社招为主，后来我们各自团队的发展，确实就有很大的不同。团队建立的选择，本质上和公司发展的选择是相通的，都是在思考未来后提前做好规划。至于这种说法，我个人认为在金融行业里也是一样存在的。

20. 因为没有细化的工作目标和明确的工作日程，总觉得自己有些懈怠情绪，工作起来也总是想起什么就干什么，感觉时间还很多，工作可以慢慢来做。如何安排好工作的顺序和时间呢？

如果有这种情绪，我认为一定要及时改正。懈怠情绪肯定是不能放任的，若是没有人督促你完成任务，就要学会自我施压。一是要在工作开始前，花时间梳理一下工作的整体目标，比如完成这项工作最终是为了什么。二是要根据需要实现的目标，对具体任务进行分解，比如具体需要完成哪些步骤。而在工作顺序上，先按照重要性排序，再按照紧急程度排序，综合这两个排序制订出具体的工作计划。工作计划形成后，在时间上一定要主动给自己压力，尽量在最短的时间内完成，这样才能不断提高自己的工作效率。

21. 投行工作是否应该保证每周 7 天、每天 16 个小时以上随时待命，随时接手？

投行工作做久了，大家就会发现，其实在投行业，工作和生活是没办法分开的。有的人不喜欢这样的模式，有的人就非常喜欢。不喜欢的人似乎觉得工作和生活融为一体，这听起来好像很吓人，但其实周末或者假期也都能正常度过。只不过投行这个行业偶尔会遇到一些突发情况，比如项目紧急的时候，可能就需要加班。但平时只要不是急事，领导一般是不会让正式员工或者实习生加班的。我觉得"随时"这个限定词有些夸张了，只要平时手机保持畅通，微信及时回复就可以了，大家不要过于紧张。

22. 如果工作完成得比较晚，在半夜把工作成果发给领导好吗？会不会给别人压力？

可以直接发，没必要等到上班时间才发，万一晚发把事情耽误了，就是你的责任。当然，如果担心发完会给领导压力，又担心领导不能及时查看，可以在第二天上班时间再去提醒，不要发完工作内容，马上就微信提醒。

23. 感觉工作中上司和下属的关系，与学校里老师和学生的关系并不一样，过分的尊敬会有距离感，上司可能也不舒服，还影响工作交流。但是太随意的话，好像也不太好。这个分寸应该怎样把握？

我在书中探讨了类似的问题，对于正式员工也好，实习生也好，我希望他们的工作态度是反映自己内心的真实想法。无论是过分尊敬，还是有些随意，我觉得都可以理解，这并不是什么大问题。只要内心是真诚的，工作是努力的，其他细节问题都是个人性格使然，没必要逼着自己一定要做出改变。

24. 大力哥曾经说过"得意时多做事，失意时多读书"，我想知道您和您的朋友们在失意时是怎么想的，特别是这种"失意"不是外部原因造成的，而是自己的某个判断失误或类似原因导致的，在这种情况下，凭借什么对自己依然保持信心呢？

对于这个问题，我有两个建议可以分享。一是读懂"人无完人"这个道理，二是要理解人的成长是靠积累过去的经验和教训实现的，而不是去背成功公式。就像我撰写本书是想告诉大家有哪些弯路，而不是去传授成功学。有时候人生的最优解是很难达成的，人生也不可能处处得意，所以能够尽量避开那些我们走过的弯路已经算是在走"捷径"了。当我失意的时候，我其实想感谢由此而获得的经验教训，我知道自己不会再犯同一种错误，自然也就不会受到打击了。

25. 有哪些投行人士的遭遇，没有进过投行的人不会相信？

经常会被公司拖欠薪酬。我并没有开玩笑，很多年轻人总觉得投行是一个高大上的职业，所以不会发生其他行业那些蝇营狗苟的事情。但投行其实就是一个普通行业，跟其他行业一样，行业里会有各种类型的公司，从业者也会各种各样。这些公司和从业者里确实就有一部分规则感不太强。即便是国内前十大券商，每年仍然会爆出那么一两件拖欠薪酬的事件。所以，大家应该认识到这样一个不太美好的现实，但也要看到事实的另一个方面，那就是这种现象并不是投行这个行业特有的，更多是个别人的行为所产生的结果。任何一个行业，都不会把这些当作光荣的事情，也不会推崇去做这些事，投行也是一样的。

如果大家能够根据本章的内容，朝着正确的方向努力，最终会在层层竞争中脱颖而出，实现进入投行的梦想。

但等你们进入投行开始正式工作后，会发现自己还会遇到关于职业成长和发展路径的问题。如果你们想要在投行职场精进成长，那么下一章就是你们需要了解的内容。

第三章

投行新人如何职场精进

在前面的章节里,大家已经对投行工作有了一个基础的认识。在本章中,我想跟大家,尤其是那些工作不久的年轻人,聊一聊在投行这个行业里,个人要如何修炼,才能得到正常的成长。

请注意,我说的是"正常"的成长,而不是"快速"的成长。这两个不同的表述所代表的含义不同,并且有着很大的区别。"正常"的成长,代表着你应该在投行这个职业领域,去体验每一个关键职级所要承担的工作责任,并借此熟练掌握业务过程中的重要环节。这是因为,一个完整的投行项目是由不同的关键业务环节组合而成的,而每一个关键业务环节,可能由投行里不同职级的人负责。比如在项目的承做阶段,由项目负责人设计整体融资方案和实施步骤,初级员工负责基础材料的搜集和撰写工作,相对资深的现场负责人要负责全套申报材料的统筹编辑和定稿等,如果初级员工在没有做过现场负责人的情况下,就直接跃升为项目负责人,那么他对投行项目的认识,必然会缺失重要的一环,在未来的职业发展过程中,很可能就会造成比较严重的影响。已经在投行领域工作多年的朋友,也许能理解不同的表述所带来的不同结果。但对于入行不久的朋友来说,可能根本察觉不到:一个或许能成就自己的职业,另一个或许能毁灭自己的职业。

入职前的准备

对于即将入行的朋友和已经入行的投行从业者来说,如何选择公司,一直都是一个问题。

为什么这样说呢?因为我发现,无论是在实际生活中,还是在公众号的留言里,都有很多朋友向我咨询如何选择券商。他们不知道自己到底是该选择头部券商还是中小券商。在这些人中,不只是有未入行的年轻人,还有很多已经从事投行工作多年的同行。之所以会出现这种现象,我想是因为他们至今都搞不清楚,在投行这个行业里,除了规模、业绩上的区别之外,头部券商和中小券商还有哪些其他区别。

头部券商、中小券商的优劣势分别是什么

首先,咱们来说说头部券商与中小券商的优势、劣势分别是什么。

先来看头部券商。头部券商的优势,主要是它们的投行体系已经比较正规和成熟了。

在头部券商中,员工可以了解一个投行项目从开始到完结的整个过程,从中学习不同岗位是如何分工合作的。这有助于员工

更快地建立起投行业务的专业思维体系,从而更有利于其未来的发展。而头部券商的劣势也很明显,那就是投行岗位的分工过于细化,员工只能在自己的岗位上得到单一的锻炼,承做就是承做,承揽就是承揽,销售就是销售,相互之间不会有重叠。这样虽然发展比较稳定,但是相对来说想要全面发展就会慢一些。同时,如果一个投行项目划分的岗位多了,那么在收入分配上,每个人能分到的自然就会少一些。打个比方,选择在头部券商里成长,就好比上楼的时候选择了走楼梯。虽然走起来比较慢,但是一步一个台阶,只要一直坚持下去,不出意外总能到达顶楼。

接下来,咱们再来看中小券商。与头部券商正好相反,中小券商的劣势主要体现为部门的建立和岗位的设置有些不完整,而不完整往往就意味着无法更系统、全面地培养员工。

当然,这是有客观原因的,毕竟中小券商的规模小、业务少,有时一年做出来的项目都不如一些头部券商一个月做出来的项目多。所以,相对来说,中小券商的很多岗位其实工作量并不多,那么公司自然会能省就省。这就导致很多中小券商,一个业务团队就是一个部门,整个投行产品线就只有两三个人负责,可能一个做承揽的员工,还要负责部分项目材料的承做工作,甚至等项目拿到批文需要发行的时候,销售工作也要兼任起来。

所以,中小券商的优势也因劣势而生。一是中小券商的员工可以在短时间内亲自参与投行业务条线的各个环节,更加快速地全面成长。而在头部券商里,如果不靠转岗,基本不可能实现。

二是收入方面参与项目的人少了，每个人能分到的收入会比在头部券商更丰厚一些。刚刚我把选择头部券商比喻成选择走楼梯，那么选择中小券商，就好比上楼的时候选择坐电梯。然而电梯质量有好有坏，虽然看起来坐电梯比走楼梯要快，但如果电梯时不时停运，或者发生事故，比如有的中小券商的投行业务就因为被监管处罚而全面暂停，熬不住行业寒冬的投行团队也会突然被公司整体裁掉，那么坐电梯上楼究竟能否更快到达楼顶，甚至最终能否到达楼顶，就要看各位的运气了。

如何选择券商

对于即将进入投行的朋友，应该选择头部券商还是中小券商呢？我来谈一下我的观点。

我个人的建议是，希望你们能从头部券商起步，这样未来的职场发展会更稳健，也更长远，这主要是出于三个方面的考虑。

第一，在专业技术上，头部券商对新人的培养更加体系化，方式也更丰富。而中小券商在培养新人时，更多是师傅带徒弟。也许有的人会言传身教，比头部券商更有针对性，但也有的人自己都不够专业，只懂得无尽地安排工作，遇到问题放任你自己去琢磨。所以，能否在中小券商得到好的培养，关键在于能否遇到一个靠谱的师傅，这就要看运气了。相比起来，头部券商会更稳定。

第二，出于对收入的考虑。在前面的内容里，我已经告诉大家，投行的收入是由基本薪酬和项目奖金这两部分组成的，投行的收入高，就高在项目奖金上。首先，大部分的投行新人在刚工作的几年里，收入还是以基本薪酬为主。而头部券商的基本薪酬普遍会比小券商高一些。其次，虽然在项目奖金上，有时头部券商会比中小券商发得少，但当年发不发项目奖金，无论头部券商还是中小券商，都存在不确定性，不仅会随着市场发展情况变化，还跟团队或者部门负责人的个人决定息息相关。更重要的是，对于投行新人来说，在收入上无论是多拿还是少拿，其实一般不会差太多。长期来看，投行这个行业的个人收入水平是在职业的中后期才猛然发力的，而这个猛然发力，主要还是得益于职业前期个人专业能力的积累和个人素质的提升。

第三，业外的朋友可能不太清楚，在投行这个行业里，曾经有过业务发展三大模式之说，分别是以整个集团之力打造，根据细分行业条线划分的中信证券大平台模式；以投行业务流水线操作为特点的平安模式；以及众多投行业务小团队组成的国信模式。本书后面会专门介绍这三大模式，但在这里想告诉大家的是，这三大模式发展至今，只有大平台模式的发展仍然趋于稳定，平安模式和国信模式已经因过分依靠个人或者团队的力量，在监管和市场动荡期间损耗过大，最终销声匿迹。行业里这三大模式的发展结果，也代表了选择稳定才会长久，对我们如何选择券商有很好的借鉴意义。

所以，综合上述三方面的考虑，我建议大家尽量以头部券商作为投行职业的起点。不过，对于那些已经在中小券商里开启投行职业道路的朋友，你们也不用太过担心。虽然头部券商的前期培养会更稳定，但培养出来的更像一批又一批的标准品。中小券商虽然波动大，但在成长空间或者进步空间上，还是要比大券商更多一些的。

比如我所认识的行业中优秀的人，就有很多是从中小券商一步步打拼出来的。而有些一直在头部券商工作的朋友，职业发展到最后也很平庸，不是说他们的个人能力不行，而是在头部券商里一直等不到合适的机会，就这样被埋没了。关于这部分内容，这里暂不多说，在后面的章节中，会和那些已经在投行领域从业多年的朋友专门聊一聊他们未来的职业发展。

那么，讲了这么多关于如何选择券商的问题，想必各位心中对此都已经有了一个清晰的认识。而除了要对公司做出选择之外，在投行业里还有着不同细分行业的划分，那么对于刚刚进入投行的新人，应该如何做出关于细分行业的选择呢？

职业规划：细分行业的战略选择

在之前的章节里，已经给大家介绍过投行股权业务和债权业务具体都是做什么的。咱们再来回顾一下投行的股权业务，主要包括IPO、并购重组以及相关的财务顾问服务等。投行的债权业务则主要包括三部分：第一是债券承销，比如公司债、企业债等；第二是资产证券化业务，比如证券交易所审批的资产证证、信贷资产证券化等；最后是一些非标准化的债权业务，比如在地方股交所发行私募债等。

如果非要对这些业务板块进行比较，那么对于新人，我建议优先选择股权业务。因为在正常情况下，IPO这类股权业务的成长空间会比债权业务更大，股权业务在专业上对新人的培养也会比债权业务更有深度和广度。

比如在深度上，股权业务接触到更多的是产业类公司，因为大多数行业的公司都可以上市，目前上市的就有银行、券商、汽车制造公司、服饰公司、食品公司等各种类型的公司，每一类产业公司的实际运营都会有各自的明规则和潜规则，单纯的财务报表和简单的尽职调查，不足以让从业人员真正掌握公司的现状和未来潜力，还需要更有深度的行业调研等。而债权类的业务，大多接触的是地方的城投公司，偶尔接触一些产业类公司，也都是高速公路、水务、燃气等负责地方政府通用事业类的公司，这类公司经营的稳健性和未来的发展潜力，更多由当地政府的财政实力所决定，所以相对而言，需要了解的就没有那么复杂。

比如在广度上，股权业务会接触更多不同行业的公司，你今年承接的业务可能是一家服饰公司的IPO，明年可能就是为一家汽车制造公司寻找产业上下游的并购机会，这就需要你快速熟悉并了解服饰公司或者汽车制造公司等不同类型公司的业务和财务特点。债权业务主要接触的是负责地方政府融资的城投公司，每年承接的都是为各地的城投公司承销企业债或者公司债的工作，而这些城投公司也都是做当地的基础设施建设、棚户区建设等项目的，主营业务大多比较单一且类似，因此从业人员在熟练掌握某一家城投公司的情况后，会发现其他城投公司的业务和财务结构都大同小异。

当然，这只是相对而言。其实我觉得，只要大家用心学习，在广义的投行业务领域都能得到一个不错的成长空间。但无论你最终选择了股权业务还是债权业务，想要获得成长和成功，都需要沉下心，好好打磨自己。

除了在业务方向上要做好股权和债权的选择，在投行部门各个岗位之间，也需要大家提前做好准备。而要想做好这个选择，就需要提前了解投行各个细分岗位的未来职业路径分别是什么样的。

之前已经向大家介绍过，券商的投行部门一般会设置承揽承做岗、销售交易岗这两个前台岗位，负责资本市场发行的中台岗位，以及负责质量控制的后台岗位。下面我们分别来看一看这些岗位的职业路径。

前台岗位的职业路径

咱们先来看看前台岗位的职业路径一般是怎样的。

承揽承做岗

首先,承揽承做岗要分承揽和承做两种情况。其中,承做岗位的内部上升路径就像打怪升级一样,是需要一步步向着MD,即董事总经理的职级序列上升的。刚入职的员工会从分析师这种最底层的职级开始,之后随着技术水平和项目经验的增长,逐渐成长到高级经理这个职级。等到可以独立承担项目的某一部分工作时,也就可以升职为VP,即副总裁。再沉淀几年,当你的技术和经验足以带领团队负责整个项目的承做时,那么在做过几单项目的现场负责人后,董事这个职级就开始向你招手了。再往上,想坐到董事以上的职位,需要的就不只是承做能力了,还要逐渐承担承揽的职责。

当然,这种按部就班的升职,主要出现在职级架构体系已经成熟的大券商里。在大券商里,无论你有多么丰富的项目经验,要想从分析师一步一步升到VP,也必须熬足至少五年的从业时间。而小券商投行部的职级架构体系可能尚未建立成熟,比如你所在的投行团队有很多业务可做,人手却不足,你便需要承担更多的承做工作,短时间内就会有更多的项目经验,那么越级晋升的情况就会出现,比如两年内就从分析师升为VP,这种情况在现实中,特别是牛市时经常会发生。

而承揽岗位的内部晋升,起点就比承做要高,一般是从董事、业务董事或者执行董事的职位开始。等到你升为MD之后,你会发现,在职级上其实已经没有什么好追求的了,你只需要闷头努力，去承揽更多的业务，争取更多的收入。除非你开始对公司管理产生兴趣，那么就可以朝着公司分管投行业务的副总裁甚至总裁的方向去努力。大家可以了解一下，其实在许多券商中，有不少高级管理人员，包括一些券商的总裁，都是做投行业务出身的。

至于外部转行，如果你能够积极地去学习和成长，可以说，承揽承做是投行部门内最磨炼技术的岗位，也是转行相对容易的岗位。我向已经离开这行的朋友了解过，他们很少是因为干不下去而被迫离开的，大部分是转身去做投资，比如很多著名股权投资私募机构的创始人或者投资总监，都是做投行出身的，过去他们作为"卖方"来承销企业的上市，如今转换为了"买方"，可以更准确地判断出一个投资项目是否值得投资。还有一些朋友出于自己的爱好去创业，或者想歇歇脚，所以转去其他行业，换了一个更轻松的工作，这都很常见。因为只要投行业务能做好，无论去哪个行业，都不会混得太差。当然，如果你是因为做不好投行才想着换行业，那么也不可能很轻松就成功的。

销售交易岗

另外一个前台岗位是销售交易岗，这几年该岗位的需求变化很大，特别是债券业务对应的岗位。应该说，这一大变化源于2015年监管部门颁发了有关公司债券的新规定，新规大大降低了发行人的门槛，以往只有上市公司才能发行的公司债，变为了非上市公司也能发，所以各家券商的公司债业务在当年都开始突飞猛进。随着业务的增长,各家券商需要销售的债券项目就越来越多。同时,发行门槛的降低又导致市场上出现一批资质相对比较差的债券项目,这就对各家券商的销售能力提出了更高要求。而从2018年开始,资金面收紧,整个债券市场的行情也开始由牛市变为熊市,这导致各家券商积累了不少已经拿到批文却发不出去的债券项目。

所以,如今一个好的债券销售团队的吸引力,早已不亚于承揽承做项目的团队。销售交易岗在投行内部的地位也有了很大的提升,以往该岗位的负责人最多只可能担任一级部门的副总,或者投行部门下辖二级部门的负责人。但这两年,有些优秀的销售团队负责人已经开始担任一级部门的负责人,可以说有了一个很大的提升。

不过,同样是因为债券市场的下行变化,目前该岗位的外部转行渠道变得比以前狭窄了。比如前几年,我所了解的这个行业里比较优秀的朋友,很多都会转去做债券投资。虽然销售交易岗在职业前期成长非常快,可能一至三年内就能做得非常不错,但这也是这个岗位的缺点,因为同样会很快到达职业瓶颈,很难再取得突破。

同时,由于机构投资者大多只认公司平台,他们愿意投你的产品,并不是因为你这个人,更多是因为你所在的平台,所以这个岗位的可替代性也很强。这也是很多朋友在销售交易岗做了几年之后,一有机会就转去投资或者其他领域的主要原因。其中,债券投资岗是首选，因为债券销售交易岗和债券投资岗的关系最紧密，联系也比较多，就像承揽承做和股权投资之间的卖方—买方关系，在这里债券销售交易是"卖方"，债券投资就是另一头的"买方"。

但这两年，由于投资行业的不景气，特别是债券市场投资的不景气，债券项目的"刚兑"已被打破，债券出现违约的情况也越来越多，因此很多做销售交易的朋友便不敢轻易转去投资，跳槽也只会换公司而不换岗位，大多仍坚守在销售交易的岗位上。

中台岗位的职业路径

接下来，咱们再来说一说属于中台岗位的资本市场发行岗。

在一些大型券商或者比较规范的券商里，资本市场发行岗具体分为DCM（Debt Capital Market，债务资本市场）和ECM（Equity Capital Market，股票资本市场）两种岗位。

DCM的工作主要是负责债权业务的组团参团、安排路演、发行上市等，更多是一些程序性工作。比如组团参团的工作，主要是相关金融机构各种协议的送审盖章；安排路演，就是做好公司内部项目组和销售同事的对接；发行上市，是指在这个过程中联系监管机构申请发行当天的簿记室、上传或递交各种发行材料等。

而ECM的工作主要是负责股权业务，除了在程序性工作中与DCM的对外联系机构略微有些不同之外，主要不同是在安排路演时承担的工作量可能会更大一些，比如 IPO 的路演，要负责向市场和投资者们宣传发行人的成长故事、投资亮点等，承担了一部分的销售推介工作。

受限于目前国内资本市场的发展情况，无论是股权还是债权融资，在发行上市这个环节，对技术的要求都不会太高。大多只是需要跟监管机构和投资者沟通对接，方方面面的琐事比较多，因此特别需要员工具有细心、负责的工作态度。

虽然在职级上资本市场发行岗位也是参照 MD 的序列进行划分的，但相对于其他前后台的岗位，因其本身对技术的要求稍低一些，所以即便是同等资历，该岗位有时在职级上也会比其他岗位低，甚至有很多小券商直接不设 DCM 或者 ECM 部门，只是在销售交易部门里单独设置一两个岗位，负责相关的程序性工作。同样的原因，这个岗位的外部转岗机会相对也比其他岗位更少一些，这并不是说没有转岗的可能性，只是需要个人在平时的工作中，要更主动地去积累经验。

后台岗位的职业路径

最后，咱们再来聊一聊属于后台岗位的质量控制岗。

做质控的朋友，虽然出差不如前台岗位频繁，但加班时间一点不比他们少。特别是那些低级别的质控员工，"活多钱少责任大"，指的就是他们。但是，鉴于这个岗位在投行风险管理上的重要性，每家券商质控岗负责人的职务级别，至少是跟投行内部其他岗位的负责人平级的,甚至有时还会更高一些。

但在投行内部的上升路径上,低级别和高级别的质控员工有很大的不同。因为近几年国内资本市场对业务风险控制的要求越来越严格,监管机构对券商的内控要求也越来越严格,所以大部分券商对质控岗的需求都开始逐渐加大。

但是在现实中,有过投行项目工作经验的人,一般都不太愿意去做低级别的质控员工,所以券商只能更多地招聘应届生,或者找审计机构、律师事务所等其他中介机构的员工来做质控。但这些人更多只是将质控岗作为一个临时性跳板,为了日后可以转去投行的承揽承做岗。所以,在现实中,很多做了两三年质控的朋友,一有机会就会转岗。

此外,质控的高级岗位对任职人员的专业水平及其在投行项目方面经验的要求是非常高的,因为他们要对是否可以承接某个投行业务,以及该业务能否达到可申报监管的要求做出判定。所以,质控的高级岗位大多是由一些项目经验丰富,但又觉得出差太累,不愿再到处跑的承揽承做岗上的人转岗而来的。

这些原因也导致质控岗的外部转行路径有很大不同,级别低的大多是跳到其他券商或者金融机构,转去做承揽承做;而级别高的,因为本身大多是承揽承做出身,所以更多是换一家新公司,或者牵头组建新的质控条线,或者干脆不再做投行,转去做投资之类的工作。

以上就是针对投行部门里不同岗位晋升以及转岗的详细介

绍。大家应该如何选择适合自己的岗位，我觉得要从两方面考虑。一方面，要考虑自己的能力水平。因为在投行部门里，一般越吃香的岗位，对个人的能力要求就越高，所以一定要量力而行。如果现在的能力如果达不到承揽承做的要求，那么可以先去尝试应聘质控岗，未来再寻找内部或外部转岗的机会，这是一种很常见的、退而求其次的选择。另一方面，要根据每个岗位未来的发展路径，选择一个自己想要达到的目标。最后，在综合考虑自己的能力和目标后，所得出的那个最适合自己的岗位，才是你们应该去选择的。

当大家对公司、细分行业和岗位分工分别做出自己的选择之后，那么无论你做的是何种选择，接下来都会遇到一个共同的问题，那便是投行"新人的困境"。

新人的困境

一般来说，入职投行的新人可以分为两种。第一种来自校园招聘，这些人在正式入职前已经在投行实习过一段时间，对这个行业的基本工作内容有初步的了解。在目前投行应聘竞争比较激烈的环境下，入职前必须经过实习这种情况是比较常见的。

如果大家是这种情况，那么在入职前，一定要在心态上做好准备。因为在入职后，你们就会发现自己跟投行的老员工，无论是在收入上，还是在生活条件上，甚至在日常谈论的话题上，都会有着很大的不同。

为什么要这样说呢？因为在刚工作的几年里你们拿的是固定工资，有的券商可能每年都会涨薪，但即便是涨薪幅度最高的那几家，给大家的固定薪水也赶不上各位日渐提高的消费水平，所以很多年轻人基本上都是月光族。至于年终奖，新人可能连老员工的零头都拿不到，这是一个很现实的情况。

此外，投行新人们经常出差在外，飞行次数多了，很快就能拿到航空公司的金卡，但到了贵宾室就会发现，无非就是能喝点水，再吃碗热汤面。有些小型机场的贵宾室，能吃上泡面就不错了。大家出去见客户的时候可能会收到各种上市公司高管的名片，然而慢慢就会发现，无论见过多少次，人家虽然很有礼貌，但却总是记不住你的名字。

为什么会出现这种情况呢？就是因为投行新人们刚入职时获得的一切，无论是频繁出差换来的航空公司 VIP（贵宾）卡，还是下榻在全国各地的高级酒店，甚至他人口中的各种尊称，都是公司或者这个职业带来的幻觉，跟自己的能力其实没有太大关系，这些幻觉很容易让人洋洋自得。所以，我在这里奉劝大家，入职后一定要对自己有清醒的认识，慢慢积累，慢慢学习。

第二种入职投行的新人，是指那些在进投行之前，对投行的实务工作接触不多，了解也不多的人。这些人主要来自社会招聘，也有一小部分是通过校园招聘直接入行的。

那么，对于这一类新人，特别是通过校招直接进来的应届生，除了要在心态上做好准备之外，还要提前储备一些投行的专业知识。比如业余时间可以看看注册会计师考试中会计和审计这两科的参考工具书，对基本的财务知识有所了解。或者到证监会、发改委等监管机构的网站上看看行业相关的法律法规，特别是最新的行业指导意见，对基本的业务要求有一个初步的认识。再比如在业务上，做股权业务的可以去网上找几个最新的招股说明书读一读，做债权业务的可以看看最新的募集说明书，包括一些项目的监管反馈和反馈回复文件等。这样，你们就能对未来投行工作中可能接触到的专业知识，提前做到心里有数。

然而，就算大家能做好这些知识准备，当面对具体的工作安排时，可能还是会发现不知道如何开展这项工作。

不要着急，刚开始不知道如何开展工作很正常，当我刚接触投行工作时，同样也感觉无从下手。真实原因是，无论我们做的准备有多充分，当我们面对实务工作时，都很难将自己的知识和具体的实务结合到一起。其中最重要的一点是，我们还没有明确自己需要构建怎样的核心知识体系，更不用说运用到实务当中了。

投行人的核心知识体系

投行从业者需要掌握的核心知识，无非包含三大部分：一是金融知识，二是财务知识，三是法律知识。如果大家不相信，可以去看任何一个投行产品,你们会发现,它们都可以而且只能被拆解成金融、财务、法律三方面的内容。

就像企业债项目,如果你接触过购买企业债的投资机构,就会发现这些机构的投资经理,在前期想要了解某个企业债项目时,一般只会看申报材料中的三份文件:审计报告、评级报告、募集说明书。其中,审计报告不用多解释,里面几乎全部是有关财务的内容。评级报告中有一些金融和财务方面内容的交叉,比如对发行人的营收、财务的现状和未来状况做分析,并按照自身的评级模型给以合适的级别等。募集说明书里的内容最繁杂,但仍可以进行明确的归类,比如有关发行人的历史沿革、股权关系等内容属于法律范畴,因为投资者要依此判断相关流程是否合法合规,有关财务分析的内容属于财务范畴,有关债券要素、本期偿付安排等内容属于金融范畴。总之,所有的内容都不会超出金融、财务、法律这三大范畴。

看起来很简单,但大家应该清楚,想要真正完全掌握这三方面的内容,哪怕是在某一个方面做到精通都很难。但至少我们要先了解清楚自己所能掌握的程度,比如对于投行这个行业来说,我们就可以用三种不容易考出来的证书,去衡量自己对这三方面内容的掌握程度。

其中,是否掌握投行相关的金融知识,可以用能否通过保荐代表人考试来作为判断依据。虽然在保代考试中会涉及不少财务知识和法律知识,但该考试主要还是考察大家对投行相关金融业务知识的理解。至于其他两个考试，考察财务知识的是注册会计师考试，考察法律知识的是法律职业资格考试。

这三类考试分别考察了投行要求的核心理论知识，大家的考试成绩也能直观地代表各位对每块内容的理论知识都掌握到了什么程度，以及具体差距在哪里。

如何构建知识体系

即便熟练掌握了这三类知识，或许还会有不知从何下手的困惑，其实说到底，还是因为考证只能检验理论知识，但在实际工作的时候，从来都是单一、零碎地接收和处理信息的，这就需要将所掌握的理论知识与现有实务工作有效结合起来。简单来说，即便对金融、财务、法律这三方面的理论知识都了解，但在投行工作中遇到了相关实务，如果没有实践经验，也没有老同事的指点，就很难将理论与实践联系起来。就像上文所提的企业债项目的例子，也许你知道募集说明书中主营业务的章节里都包括哪些内容，客户会告诉你他们主营业务的相关情况，你也会去客户的现场做相关的尽职调查，但把客户讲述的内容、尽调的情况准确地转变为投行语言反映在募集说明书中，是空有理论知识的从业者们无法实现的。

如何解决这个问题呢？在基本掌握三部分知识之后，一定要尽快学会建立一个适合自己的、能将知识和实务结合到一起的体系。比如，每一种业务是怎样开始的？经历了哪些过程？最后做到什么程度业务才算结束？在不同的阶段，需要用到的知识都有哪些？政策更新对业务有什么影响？需要掌握哪些新的知识？在自己的脑海里，要对这些问题有清晰的认识，不是说看一点项目材料，学一个业务模式就够了，而是要把所有的专业知识都装到体系中去，这样才算是掌握了三个核心知识模块。

大家要明确，在打造投行专业知识体系的过程中，"弯道超车"是一个伪命题。打造知识体系不仅是一个长期的积累过程，也需要大家在实务工作中不断修正自己的知识体系。

比如在学习法规、招股说明书和募集说明书的时候，如果不去结合实务进行思考，你们会发现自己其实很难理解法规上各项条款的含义，也很难搞清楚为什么同一件事情，不同的招股说明书用了不同的表达方式。这种理解和领悟能力是在做项目的过程中逐渐培养出来的，而不是坐在电脑前绞尽脑汁琢磨出来的。

只有做的项目多了，遇到的问题多了，对专业的理解能力才能得到提升，也只有将理论和实践结合起来，才能逐渐丰富投行的知识体系。这个逐渐丰富的过程同样也是专业知识积累的过程。

精进两步走：搜集信息，解决问题

建立知识体系的目的，就是将理论与实践结合起来。那么应该如何结合呢？具体可以分解为两个步骤：一是搜集信息，二是解决问题。

搜集信息：别告诉我你只会用百度

咱们先说第一步：搜集信息。"别告诉我你只会用百度。"不要误会，运用百度等搜索引擎并不丢人，但是如果你在工作中遇到了需要了解的问题却只会使用百度搜索引擎，确实就有些不专业了。

那么，投行从业人员用于搜集信息的渠道一般有哪些？如果按照专业等级由低到高进行排序，可以分为三类。

基础渠道

第一类是最基础的，属于刚接触这个工作就应该掌握的渠道，主要是指那些我们在工作中需要经常用到的网站或者软件。

第一个是国家企业信用信息公示系统，网址是 http://www.gsxt.gov.cn/。这个系统的主办单位是国家市场监督管理总局，它一般能提供哪些信息呢？当我们要了解一家企业的基本情况，比如股东信息、是否有过行政处罚、是否被列入违法失信企业名单时，这个网站可以为我们提供最权威的信息。国内几乎所有投行的质控或风控岗位，包括某些投行业务的监管审核岗位，在审核投行项目的时候，均会要求投行项目组在这个网站上对发行人的负面信息做一个尽职调查。所以，对投行从业人员来说，经常会用到这个网站。

第二个是同花顺、大智慧、Wind等信息软件。这些软件主要提供上市公司、已公开发行过债券的企业等相关主体的信息，特别是帮助我们把握上市公司的整体经营情况。比如上市公司的股价情况、财务信息和财务指标情况，以及年报和公告情况，特别是重大负面事项的信息等。在我们需要为上市公司提供并购重组、再融资等投行业务时，这些信息不仅需要搜集整理并在尽调中一一去核实，也需要披露在项目申报材料里。

在使用这些软件时，大家一定要注意一个问题，就是有一些软件，包括这些软件的付费版，在财务数据或者财务指标上，有时候会出现错误，每一个软件都可能会出现这种情况。所以大家在使用软件时，一定记得多进行交叉复核，特别是财务数据和财务指标等内容，千万不能掉以轻心。如果未经复核，就在项目申报材料中披露了错误数据，你是不能用软件中的数据有错误这种借口去解释的，这完全属于投行从业人员尽职调查的失职，有很大可能是会被监管机构处罚的。

第三个主要是做债权业务常用的信息获取渠道，当然，做股权业务偶尔也会用到。

一是中国债券信息网，网址是http://www.chinabond.com.cn/，这是中央国债登记结算有限责任公司的网站，主要用来了解发行人的企业债发行情况，以及下载相关的披露文件；二是中国货币网，网址是http://www.chinamoney.com.cn/，这是由中国外汇交易中心暨全国银行间同业拆借中心主办的网站，用于了解发行人在银行间市场的中票、短融等产品的发行情况，以及下载相关的披露文件；三是上海证券交易所、深圳证券交易所的官方网站，除了可以用来了解发行人在交易所市场的公司债、ABS等产品的发行情况，以及下载相关的披露文件。此外，在如今监管政策变化的形势下，我们还需要重点关注这两个网站披露的债券审核信息，特别是对具体债券项目的反馈意见，以及同行对该反馈意见是如何回复的，以保持对业务审核尺度的敏感性。

除了以上这三条途径外，我们平时还会用到其他一些网站，比如证监会、国家发改委等监管机构的网站，主要用来了解监管政策的变动。以上便是了解信息的基础渠道。

同业朋友圈

至于第二类渠道，可能只有在投行工作过一段时间的人才能接触到，或者说，只有身处其中才有机会用得上这些渠道。简单来说，这个渠道就是同业朋友圈。

主要是因为在投行这个行业里，并不是所有项目的信息都会被公开披露出来，除了非公开发行的项目，还有一些创新的业务是不会被披露的，大家在网上也搜不到相关的材料。那么，当我们承揽了类似项目，又不清楚具体怎么执行，想找成功案例学习，或者想跟有经验的同行交流时，就只能靠个人在行业里结识的同业朋友，私下去联系了。投行从业人员有很多，想找某一个具体的人，看起来像是大海捞针，但等你们进入这个行业后就会明白，投行同业圈子是很小的，即便自己不认识材料的撰写人或者项目执行人，但靠着同业朋友托同业朋友，最终总能找到与这个项目有关的同行。

所以这就要求我们，作为投行从业人员，不要把同行当作竞争对手，而是要多交朋友。时间久了你会发现，也许在某个项目上互相竞争的同行，不久之后就突然变成了同事。在共同的行业里，在不涉及泄密的前提下，大家互相帮助，才能各自走得更长远，这也是需要大家去领悟的一个职场生存法则。

监管部门的指导

最后，第三类渠道是监管部门的指导。这个渠道其实不像业外人想象的那么神秘，好像监管就只会给项目挑毛病或者寻找从业人员不尽责的行为，业内的朋友应该都明白，在被监管方和监管方之间，相互的沟通还是很开放的。

比如像上交所、深交所、交易商协会这些对资本市场业务进行实务审核的监管机构，都会主动组建业务交流微信群，审核人员与从业人员可以直接进行业务方面的探讨交流，有些创新型的业务就是这样探讨出来的。特别是业务指导大多以文件形式发放，个人理解往往会有偏差，所以如果从业人员对一些业务操作有疑惑，就可以在群里与审核员进行直接沟通。如果问题比较复杂，一两句话说不清楚，还可以给审核人员发邮件具体汇报，包括可以直接进行电话沟通等，有很多方式。而这些直接与监管方进行的沟通，比较有权威性，也比同行间的交流更容易获得准确答案。

针对上述几个渠道，我设计了一个具体案例，以帮助大家更好理解。咱们还是用前文的实习生牛星河做例子。假如他在经过一段长期实习后，最终加入了该投行部门，那么在他正式入职后遇到的各种项目问题，都需要他独自想办法解决。比如最近监管部门出台了一个新业务的指导文件，该投行部门研究后觉得有过往上市客户比较适合这个产品，便安排牛星河撰写项目建议书去推介这个新业务。

牛星河领到任务后的第一件事，便是打开公司统一使用的项目建议书模板，接着到监管机构官网上找出最近出台的新业务指导文件，把文件中该业务对发行人的要求，复制粘贴到建议书模板中的合适位置。然后，他打开某个信息软件，查找出该上市公司最新披露出来的财务数据，针对新业务对发行人的财务要求一一进行核对，并将核对结果写到建议书中。在核对财务要求的过程中，他发现指导文件中没有明确部分财务数据的计算方式，便打开监管机构披露该产品的链接，查找是否已经有了发行记录。最终，他查到已经有另外一家券商报了一单新业务至监管机构，目前正在接受审核，只是尚未通过，而参与该业务的评级机构正是本部门多次合作过的机构，他开始联系之前有过项目合作的该评级机构的朋友,进行具体咨询。可惜这位评级机构的朋友也不太清楚该业务的具体情况,就转身介绍了公司内直接参与该项目的同事。经过与评级公司项目执行人员的讨论,牛星河的一些疑问得到了解决,但仍有一些问题未能讨论出明确结果,他便将这些问题以及讨论结果汇报给了另一位资深员工。该资深员工项目经验丰富,负责部门内多数项目的申报沟通工作,也加入了监管机构审核人员组建的微信沟通群。于是,该资深员工在向牛星河详细了解问题的来龙去脉后,整理出所有的未决问题,直接发至微信沟通群里,没一会儿,便得到了监管审核人员的详细解答。最终,牛星河根据这些解答,顺利完成了项目建议书的相关内容。

解决问题:投行工作的本质

介绍完搜集信息的渠道,接下来我们来聊一聊将理论与实践结合的第二个步骤——解决问题。

投行工作做久了,很多人就会发现这个职业并没有那么"躺着挣钱"。即便升到了投行部门的领导岗位,手下带了很多精兵强将,也会发现自己仍然摆脱不了"救火队长"的身份,甚至就算分管投行业务的副总裁、总裁等高管,都会遇到这种现实情况。那么出现这种情况的原因是什么?

原因在于,投行工作本质上就是一份需要不断去解决问题的工作。从事投行工作的朋友可以好好地回忆一下，从自己刚入行到现在，做过的所有工作中，小到初步接触客户时写的业务建议书，大到将融资业务执行落地，本质上可以说都是由一个又一个需要解决的问题组成的。

而投行新人在刚入行时无法将知识和实务结合起来，在很大程度上就是因为其在短期内无法熟练掌握知识和实务结合的第二个步骤——解决问题。

之前说到理论与实践结合的第一步是搜集信息，其实投行新人们在投行老同事的帮助和指导下，在不断接触投行实务的过程中，很快就能熟悉各种信息的搜集渠道。因为投行的信息搜集其实没什么技术含量，就看你能掌握哪些获取信息的渠道，即便刚开始不熟悉这些渠道，做的工作多了自然也就熟了。但第二个步骤——解决问题，在很大程度上是要靠我们自己去主动思考的，从而形成自己的解决思路。

具体的解决思路，可以用"一个核心，两个基本点"来概括。

一个核心：理顺逻辑

首先，一个核心指的是要理顺逻辑。

国内很多高校都把金融学划分为文科专业，这个划分没有问题。也许很多年轻人看到这几年金融行业里出现了量化、区块链等火热的细分领域，就觉得金融是一个对数学要求很高的行业，应该被划分为理科专业。其实不是的，国内大部分金融细分行业是用不着进行复杂计算的，包括投行这个行业，用得着数学的地方，也许只有在看财务数据的时候。

但是，投行作为金融行业的一个细分领域，在解决工作问题的时候，最重要的一个核心是，要理顺问题的逻辑。"理顺逻辑"这个词听起来似乎有点不好理解，那么再给大家换一种说法，你们听起来可能就会觉得更清晰了。理顺逻辑，其实就是搞清楚真正的因果关系。

比如前文所举的牛星河撰写新业务项目建议书的例子。虽然这份工作是部门领导或者其他同事安排给牛星河去做的，而且他做完项目建议书后，也要将其发送给同事或者领导去审核，但这份项目建议书并不是给同事或者领导做的，而是写给最终要接收这份建议书的客户的，所以他做这份工作的时候，就要把自己带入客户的视角，以客户能看明白并从中感受到部门专业实力为目的，去想清楚为什么要做以及如何做好这份建议书，而不是说只做出一个领导或者同事觉得满意的建议书。投行的任何工作都需要这样去思考，才算是真正理顺逻辑。

不过，这看起来虽然简单，有多少人能真正长期坚持呢？搞清楚问题真正的因果关系也是一样，大家都知道这是应该去做的，但有多少人在面对问题的时候，真正能沉下心去，细细琢磨问题的来龙去脉呢？如今这个社会，很多人的心思都放在琢磨自己升职加薪的事情上了，而面对工作的时候，却很不愿意花时间和精力真正去思考这个问题为什么会出现、如何解决，以及真正的解决办法是什么。面对问题的时候，其实只要你能理顺这三个逻辑，就掌握了解决问题的核心，至于解决问题的具体表现形式，那就要说到接下来的两个基本点了。

两个基本点：探索分析方法与建立解决方案

探索分析方法

什么叫探索分析方法？就是在解决问题的过程中，首先要不断去探索、试验，找出最合适的方法，然后再把这个最合适的方法归纳总结成自己的一个方法论，以后再次遇到类似问题的时候，就可以根据具体问题，对方法论进行调整后直接运用。

不断运用和更新方法论，不仅能越用越娴熟，提高自己的工作效率，还能不断加深自己对专业的理解能力，提高专业水平。

就像前文牛星河的例子，如果领导安排你给客户做一个融资产品建议书，这个产品是新推出的，你也是刚听说，怎么办呢？行外的朋友可能会觉得这个例子很幼稚，但你们不了解这就是投行业内经常会发生的一个非常现实的情况。

很多时候，在向客户推介新业务之前，我们确实也没有具体操作过。但是，没有具体操作不代表我们就做不了。投行的专业性也恰恰体现在这一点，那就是对投行从业人员来说，都不应该出现在专业上解决不了的问题，否则就是自己的业务能力有问题。

不过，投行新人在面对新业务的时候，如果不熟悉解决办法,可能就会一头雾水了。前文虽然已经介绍了具体的实施步骤,但在具体实施之前,我们首先应该分析以下问题:这个产品到底是什么属性,是属于股权范畴还是债权范畴?在这个具体范畴里,又脱胎于哪个产品?如果是全新的产品,是根据什么政策生产出来的?是为了解决哪一类融资问题?

弄清楚这些问题之后,再去寻找可以提供参考建议的相关材料和法规,并根据新业务的特点进行调整。完成这一整套步骤后,自然就能找到解决问题的思路。但找到之后怎么落地呢?那就要说到第二个基本点了,形成解决方案。

形成解决方案

我一直认为,在投行的初级职场,无论是向领导汇报工作结果,还是向客户推介业务,最终能拿得出手,而且不会让对方觉得你不专业的,只能是一套解决方案。

投行的工作结果,其实只有两种表现形式,一是把方案拿出来,二是把问题解决了。但这两种表现形式是有优先顺序的,如果你的职级较低,工作结果主要通过第一种形式表现,只有职级不断上升,你的工作结果才越来越会通过第二种形式表现。

所以,投行新人在入行的时候,要先学会把解决问题的思路以方案的形式表现出来。就像上面举的例子,你对新产品建议书这个问题的解决思路,无论有多具体,如果不能形成一个方案发给客户,并通过这个方案让客户对该业务产生兴趣,那么你的工作就不能算是完成了。

至于具体方案如何撰写，前文的例子已经给大家介绍了，可以说每一家券商都有自己的业务建议书模板，这个模板是你们首先必须要熟练掌握的，然后再根据业务的具体情况更新模板里相应的内容。但要特别给大家说明的是，很多券商的业务建议书模板也挺粗糙的，这就更需要你们多站在方案实际接收方的角度，仔细考虑他们的需求，对方案进行修改和完善。

以上所说的内容，如果大家能够完全吸收，并照此训练自己，那么必定能成为一名合格的投行初级承做人员。什么叫初级，就是领导给你安排的工作，你能完成。但如果你想晋升成为可以独立负责项目的高级承做人员，那就需要好好了解如何推进一个投行项目。

核心能力：推进项目

本书前文已经向大家介绍过，在投行做一级市场的前台业务人员，主要分为承揽岗和承做岗。一般来说，大部分投行从业人员，都是从承做岗一步步转向承揽岗的。从承做转变到承揽，可以说是投行从业人员在职业发展过程中的一次质变。

但在出现这个大的质变之前，承做岗位的职业发展过程中其实还有一个小的质变，就是从能够配合团队完成承做任务，到能够带领团队完成承做任务。本书这一节的主要内容，就是要跟大家聊一聊，在承做的职业发展道路上，如何实现这个小的质变。

在我眼里，一名普通的投行承做人员，需要不断进步，直到具备综合能力之后，才能成长为一名合格的项目负责人。

这里所说的需要具备的综合能力，往细了说包括很多，比如项目方案的技术设计、内部工作的合理分配、其他中介机构的互助协作，以及与发行人和监管机构的汇报沟通等。

但其中最核心、最重要的，也是大家必须去掌握的一个能力，就是推进项目的能力。我在这个行业里有不少同业朋友，现在大多都在负责承揽业务，其中比较优秀的个人，当年做承做岗的时候，也都是优秀的项目负责人。而根据我的观察，这些优秀的朋友虽然在担任项目负责人时各自有着不同的优势，但也有一个共同的特点，那就是都具备推进项目的核心能力。

为什么这些优秀的从业者都会具备这个核心能力呢？因为投行这个行业永远是跟随监管政策发展的。

投行的融资业务，周期是比较长的。比如一单债券业务，几个月能做完就已经算时间短的了。像IPO这种股权业务，即使现在已经提速，普通一单至少也要做上一两年才能完成，"独角兽"项目这种特殊情况除外。所以说，投行项目负责人在负责某单业务的过程中，经常会遇到很多突发的政策变化。那么，遇到政策变化怎么办？这就需要从业者能够迎着变化，继续去推动项目。

此外，在任何国家的资本市场之内，几乎都没有十全十美的项目。大家观察一下就能发现，任何一个项目，多多少少都会有点瑕疵。任何一个投行从业者，都不会说自己从来没有碰过毫无瑕疵的项目，这一点是肯定的。

在投行从业人员的眼里，究竟什么项目能被称为优质项目？所谓优质投行项目，其实并不是说它完美无瑕，而是指瑕不掩瑜。举一个很简单的例子，某个债券项目发行人的评级达不到监管要求的发债标准，这是不是瑕疵？发行人达不到任何一个监管要求，都可以说是重大瑕疵了。但如果发行人手里有足够的可抵押土地资产作为反担保物，那么你就可以想办法找一家专业担保公司来为本次债券做担保，去解决这个瑕疵。

所以说，作为投行项目的负责人，遇到了政策变动和项目瑕疵，不能撂下一句"做不了"扭头就走，也不能只做个传话筒，直接把问题甩给领导。作为项目负责人，要有解决问题的能力和动力，去继续推动项目的实施，也只有这样，才能体现出从业者作为项目负责人的价值。

那么，该如何培养这种推进项目的能力呢？从整个培养过程来看，可以简单地概括为量变和质变两个步骤。

量变：不断积累

第一个步骤是量变。

量变是没有任何捷径可以走的。量变的过程，就是大家遇到问题后解决问题的过程。这一系列遇到问题和解决问题的过程，是新人们在投行工作的前几年里一定都会经历的过程，不是通过看书和考证可以代替的，而且谁也没有办法避开。

想要在投行这个行业里有所成长，一定要学会主动寻找问题，勇于面对问题。解决问题的过程，正是学习和成长的过程。我曾经在一篇有关投行的文章中说过这样一段话："自己的不主动，其实就是懒散，因为工作中的每一个同事，包括领导，都没有主动去教你的义务。当然，善于培养下属的领导、善于为人处世的同事，他们也许会主动去教你，但大家不能因此要求别人必须主动关照你们。"

工作不像在学校里学习，会有老师专门来教。职场中的学习只能依靠自己的自觉和主动。这样，在机会来临的时候才不会慌了手脚。同样，这个量变积累的过程需要我们主动学习和体会。否则，哪怕你在这个行业里貌似经历了多年的量变过程，也永远无法到达下一个阶段。

比如在前面的例子中，牛星河被安排给客户写项目建议书，那么当他第一次被安排这类工作的时候，肯定不会像我在本书例子中描述的那样熟练，也许他不知道怎么查找政策文件，不清楚客户或者业务的信息应该从哪里获取等，在这个时候，他是可以去向资深的同事或者领导请教的，现实中请教后的结果会分成两种：第一种是这次的问题解决了，下一次换了一家新的客户或者要推介新的业务，同类的问题仍然无法自己解决，需要继续请教别人；第二种是掌握了解决问题的逻辑，再遇到同类问题，自己就能随机应变去解决。哪一种结果才能给你带来真正的成长，大家一目了然。而投行的每一个工作都能拆分成这种量化的积累过程，所以大家要重视起来，不可轻视每一个细微的工作。

质变：取决于人

第二个步骤是质变。

这一阶段相对量变来说，就有点特殊了。质变的特殊之处在于，它所耗费的时间长短与每个人理解能力的高低有很大关系。就像本书，虽然每个人看到的内容都是一样的，但每个人所能理解的程度，却不可能完全一样。

比如有的人可能觉得我这本书写得还可以，也可能会有人觉得这本书什么干货都没讲。同样，在投行这个行业里，有的人短短几年就能升到项目负责人的位置，也有的人可能在行业里待了很多年，仍无法胜任这个职位。大家在行业里能够看到很多现实中的例子，因为项目负责人并不是一个简单的投行职位，而是代表一种责任，只有能推动项目整体前进的人才能承担，并不是说年龄和资历到了，就会让你去做某个项目的负责人。所以在现实中，行业里能看到一些项目负责人比下属年轻，或者资历更浅。

虽说理解能力的不同会导致实现质变所用的时间长短不一，但在这里可以给大家提两个具体的建议，以帮助你们更好地理解和体会质变过程。

第一，在推进项目的过程中，要抓住关键驱动因素。就像上文说过的,投行从业人员在解决问题的时候,要抓住一个核心和两个基本点。

在项目推进的具体过程中,理顺逻辑的实际目的,其实就是要抓住关键驱动因素。就像前文例子中的牛星河所经历的撰写不同项目建议书的量变过程,他每一次都会遇到各种新的问题,但当他理顺逻辑后,会明白每一份项目建议书,都是写给最终接收这份建议书的客户的,那么写这份项目建议书的关键驱动要素,就是要展示出他们提供的服务,是可以满足目标客户目前的具体需求的。所以牛星河只要在不断的量化训练过程中,掌握撰写项目书的关键驱动要素是什么,就代表他开启了质变的过程。另外,很多人都说工作时一定要专心,一次只做一件事。这话虽然没错,但也要考虑不同行业的特点。投行就有一个行业特点,闲的时候特别闲,忙的时候项目又都挤到了一起。现实中的"牛星河"肯定不会在同一时期只被分配到撰写一份项目建议书的工作,他很可能同时还要处理其他投行项目的尽调底稿梳理工作、申报材料撰写工作、第二天拜访客户前的材料准备工作等。所以一次只做一件事虽然没错,但每件事都不会给投行从业者太多的处理时间,因此这些项目需要同时推动,要求你能在短时间内处理每一件事,去推动每一个项目都向前走。那么在推动每一项工作的过程中,我们就要不断训练自己,去迅速抓住每项工作的关键驱动因素,并且不受其他细枝末节的影响。

至于在抓住关键驱动因素后,接下来具体该怎么处理呢?这就要说到第二个建议了,那就是我们在推进项目的过程中要学会分配任务。

首先,作为投行从业人员,大家心里要有一个概念,就是投行只是资本市场的一个中介。投行在一个项目上所能起到的最大作用,就是去协调发行人,与其他中介机构、监管机构,包括与自己内部相关部门的对接沟通。而投行针对发行人所做的尽职调查、整改辅导,包括编辑汇总申报材料等工作,最终目的都是要将发行人的实际情况完整、合适地展现在资本市场上。

所以,面对项目推进过程中出现的任何问题,投行扮演的都只是一个牵头解决问题的角色。而我们要学会把甲提出的问题交给更专业的乙去解决,而不是甲乙丙丁提出的所有问题,都由自己来解决。老话说得好,闻道有先后,术业有专攻。审计应该负责的工作,我们就交给审计,律师应该负责的工作,我们就交给律师。投行作为牵头人的主要工作,就是在他们之间进行统筹。

而前文所提的撰写项目建议书的例子,看起来只是投行内部的工作,不涉及外部中介机构,好像在此就不适用了,其实不然。比如投行的很多业务都是需要与审计机构、评级机构、律所等其他中介机构共同完成的,虽然其中大多数项目都是以投行为主,但也有不少项目对于其他中介机构会更重要一些,像是一单在市场上从未发行过的创新型 ABS,各种条款的设计需要与监管不断交流沟通,那么律所的参与就会比较多,其对该项目能否成功所起的作用也更大。如果是这种类型的业务的项目建议书，只简单与其他中介机构交流是不够的，建议书中有关其他中介机构的篇幅，就交给一起合作的其他中介来完成，这就涉及任务分配。

所以，在投行这个行业里，有很多年轻的从业者在工作上很努力，但事情一多，不仅频繁加班把自己搞得很疲惫，最后工作任务还完不成，受到领导的批评。出现这种情况，往往是因为你没有学会如何协调分配工作任务，一遇到项目上的问题，不是自己硬上，就是抛给领导。久而久之，不仅自己的工作永远做不完，而且解决问题的效果也并不好。所以，当大家自己足够努力，工作上却得不到好的效果时，一定要自我审查一下，是不是在方法和方式上搞错了方向。

相信大家只要掌握好这两个方法，再不断结合实务去训练自己，一定能很快进入质变这个阶段。等你们进入这个阶段后，掌握推动项目的能力，自然就会变成一件水到渠成的事情。

对于投行承做人员在专业工作解决思路上的问题，讲到这里就基本结束了。但专业工作只是投行工作的一部分，在投行这个由人组成的行业里，学会社交也许更重要。

软实力：学会社交

在开始投行领域的社交之前，要先跟大家聊两个投行人必须具备的软技能，这两个技能是社交的前提。

投行人应具备的软技能

具体来说，投行要求的软技能主要有两个：一是沟通和协调能力，二是对自己情绪的把控能力。

沟通和协调能力

为什么需要具备沟通和协调能力？前文已经给大家介绍过，投行的重要岗位基本上全是前台业务岗位。任何一个行业的前台岗位，都是需要经常与各方打交道的，特别是投行这个行业，即便在制作项目申报材料的过程中，大部分的工作精力主要还是用在与发行人、其他中介机构，以及公司内部和监管部门的沟通与协调上，因此，自然就需要我们具备良好的沟通和协调能力。

判断一个人的沟通和协调能力是否合格，主要看情商，这很难有一个量化的标准。我们也不可能找来一个优秀的参考对象，以为模仿对方的言行就能掌握好沟通和协调能力。以我自己的经验来看，从业至今，我在与同事、领导、客户的沟通上一直坚守真诚这个原则。但是在不同的职业阶段，与不同的对象进行交流的时候，沟通方式还是要根据双方的具体情况进行调整。就像各位在与自己的家人、普通朋友、好朋友分别交流的时候，也都会用到不同的沟通方式。运用不同的交流方式不代表我们对他们就是不真诚的，这是两个不同的概念。如果说我们与任何人交流都用同一种方式，恐怕就不只是情商低的问题了。

咱们再以牛星河做项目建议书为例，他在工作过程中可能会涉及与普通同事、其他中介机构、部门领导的沟通，比如需要从平级同事那里获取建议书的模板，需要向中介机构请教业务信息，遇到了自己和其他同事都无法继续推进的问题时需要向部门领导汇报等。在与平级同事沟通时要不卑不亢，"不卑"是因为这是公事间的对接，"不亢"是因为即便是公事，也是因你的需求而起，沟通时需要把握好平衡。当你在向其他中介机构请教的时候，也要明白这只是你的公事，对方愿意为你解惑是对方的品行好，若不愿意为你解惑也是人之常情，这时"不卑不亢"的态度就要建立在"请教"之上了。最后，在向部门领导汇报问题的时候，也不能只是汇报为什么解决不了这个问题、为什么要领导帮助解决、领导要提供哪些帮助等，这些问题都要提前考虑清楚，如果一问三不知，那就说明你只考虑了自己，而没有换位思考领导想要了解的信息。

所以，真诚的态度是基础，但在交流的具体过程中，还要多站在对方的角度去看待和考虑问题。

情绪的把控能力

第二个软技能——对自己情绪的把控能力。就投行职业来说，我认为最需要大家去把控的情绪有两种，分别是激情过度和懈怠，投行工作的状态浮躁多半是受到这两种情绪的干扰。对于刚入行的年轻人，往往会因为被坊间夸大的行业情况洗脑而投入过多激情。人被激动情绪包围后，可能不会再考虑自己的长远职业规划。如果说在短时间内挣了笔"快钱"，那么很可能在你未来栽个大跟头之前，根本就察觉不到自己的路其实已经走歪了。

如何才能把控自己的负面情绪呢？

首先，我要很明确地告诉大家，在投行这个行业，大家要是想在短时间内成功并没有那么容易。外在物质的刺激容易使自我膨胀，或者受到打击就自怨自艾。把控情绪的过程就像在高速路上开车一样，需要我们一点点不断地纠正。突然转向，情绪变化太快的话，是很容易翻车的。

所以，大家要时刻牢记一句话：无论周围的人如何，自己要始终保持一颗平常心。在投行这个行业里，在我们的周围，有很多一夜暴富的传奇，也有很多同行突然消失。我们很难知道某些人轻松工作的背后，究竟是靠着自己还是其他关系。我们也很难知道，某些人年终拿到的巨额奖金，是来自家里的业务，还是替别人拿的收入。在投行成长的路上，去跟周围的任何人比较都不合适。只有学会跟过去的自己比较，才能体会到真正意义上的成长。我想，道路漫长，能够独行、内心有定力的路，才是最适合自己的。

刚从业的年轻人需要哪种社交

有很多年轻的朋友问过我这样一个问题：从事投行工作，是否有必要擅长社交？我知道，大家所问的这种社交并不是单纯为了交朋友，更多是想通过社交，建立起自己的职场人脉和社会关系，以及通过社交挖掘业务上的客户。你们有这种想法没有错，因为投行式社交，本质就是为了建立职场人脉和社会关系，从而挖掘业务上的客户。

但在我看来，对于刚工作没几年的年轻人来说，把这种社交由想法变为现实，即便会有效果，也是很小的，有时甚至会有相反的效果。因为在如今这个年代，投行应聘的竞争是比较激烈的，很多年轻人在大学读书期间就开始为进入投行做各种准备。所以能够进入投行的新人，很多都是校园象牙塔里顶尖的那群人，读书考证不在话下，但在社会阅历和情商方面，大部分应该都还属于正常水平。甚至有些年轻的朋友，读书时几乎把精力都放在考证上，为人处世的情商可能还达不到正常水平。

所以，如果工作还没几年，就抱着这种功利性的目的去社交，会很容易暴露出自己的水平不够。运气好的，可能也就是碰壁几次而已，比如满足投行融资条件的客户，门槛早就被投行从业人员踩烂了，刚入行的你搭上无数关系，最后连大门都进不去；运气差的，在面对不满足投行融资条件的皮包公司时，资深从业人员能一眼看透，从而纷纷绕坑而行，而刚入行的你可能会把别人当个宝，三言两语就被忽悠到前台，最终人家满载而归飞到海外小岛，你则落得个银铛入狱的结局。

因此，当你们处在这个阶段时，更应该去做的是继续保持你们在校园里或者刚入行时的那种单纯和质朴，遵从自己的天性。年轻人就应该在行业里、在工作中正常交朋友，交往三观一致、可以信任的朋友，在大家尚且不必出于职业需要而委曲求全的时候，更应该好好珍惜这个阶段。未来也许有一天，在你们非常需要帮助的时候，这些朋友才能在关键时刻拉你们一把。

说到这里，可能有不少朋友都看过我在知乎上的一个回答，那个问题问的是如何评价感觉自己的工作毫无价值这种想法。我在回答的时候说，自己在刚入行的时候，就结交了一群比较热血的业内朋友。从业这么些年，我做过那么多项目，也服务过很多客户，但工作至今所结交到的最好的朋友，还是当年那群热血青年。我觉得，这也是工作的一种价值。

工作多年的投行人需要哪种社交

对于已经在投行工作多年的朋友，有必要主动去进行目的性比较强的社交吗？我可以肯定地告诉大家，一定有必要。主要有两方面的原因。

第一，在大家的工作甚至生活中，所有的社交活动都已经很难再像过去一样，可以单纯地交朋友。大家在社会中工作久了，面对陌生人的时候会主动设防。即便你没有其他目的，别人也有可能会对你设防。

我们在做投行业务时，共同推进某个项目的其他中介机构很可能是首次合作的机构，即便是曾经合作过的机构，被派到该项目的中介执行人员也可能是新人。投行项目在执行过程中会遇到各种问题，有的是发行人的不当行为造成的，有的源于券商的不当行为，也有不少问题出自其他中介机构。问题由谁造成是一码事，由谁来承担责任却是另一码事，现实中各方都会趋利避害，所以就经常发生冲突。没有此类问题出现的时候，各方的交流沟通看起来都很好，一旦出现这类问题，各方平时隐藏在背后的设防就开始显现了，这个时候就会陷入被动。

第二，在投行人的工作中本就需要这种社交，需要去维护已经形成的职场人脉和社会关系。你要知道，客户愿意把投行的业务机会给你，首先是要清楚你有处理好该业务的能力，特别是在与你从未有过业务合作的客户社交时，就更应该抱着聊业务的目的，展示自己的业务能力了。正如前文提到牛星河撰写项目建议书的例子，项目建议书就是投行从业人员拜访客户时必备的材料，这份材料展示的便是投行人靠着自己的专业能力来争取业务机会。

投行是金融行业中的名利场，做什么事都要讲究方式方法。投行式社交也是一样。那么，对于已经在职场中浸淫了一段时间的投行人来说，究竟怎样做，才能被称为合适的投行式社交呢？

什么是合适的投行式社交

我觉得,能被称为合适的社交方式,一定要满足下面两个条件。

第一个条件是对等。这里所说的对等,并不是大家平常所说的等价,而是指投行式社交本身都是有所求的,并非只有一方有需求而另一方无所求。我们在进行社交的时候,无论面对的是同事、领导,还是行业里其他公司的同行,首先应该明确的是对自己真实水平的认知。俗话说:"当局者迷,旁观者清。"只不过,这里说的当局者指的是现在的你,而旁观者指的是未来的你。人在当下对自己的认知,往往不如未来更成熟,而且很少有人能主动跳出自己的视角去看待自己。

我们大部分人都需要经过时间的洗礼,才能逐渐成熟。你到了什么阶段,就会有相应阶段的阅历,对自己的认知水平也就能到这个程度。再往后,随着阅历越来越丰富,自己也会越来越成熟,之后才能更加深刻地认识自己,甚至去读懂别人。

所以,针对自己真实水平认知不足的问题,我们在与同业进行社交的时候,就要特别注意培养自己两个方面的意识。首先,要多去感受身边同事的水平,特别是跟自己同一个职级的同事,这些同事就相当于我们的录音机、穿衣镜。通常情况下,他们的思想和行为跟我们是差不多的,而他们所犯的错误,也是我们最有可能疏忽的地方。所以,当我们看到周围的同事犯了错,不要老觉得是因为对方幼稚、年轻，如果事情发生在自己身上，可能也会犯同样的错误。因此遇到这种情况的时候，我们最应该做的是要引以为戒，而不是去幸灾乐祸。

比如撰写项目建议书的牛星河，如果你是与他同期入职的同事，因为正在忙别的工作，这个任务没分到你身上，但并不代表就跟你没有关系。如果最终牛星河的建议书写得不好，被领导开会批评，这就是你感受自己真实水平的机会。你们在同一时期入职同一部门，代表你们有着差不多的工作经验，和差不多的专业水平，他在撰写项目建议书中遇到的问题，大概率也是你会遇到的。

在观察他的同时，你自己也要主动思考，比如牛星河为什么会这样想和这样做，自己是不是也是这样想的，如果换成自己会不会做出同样的选择，等等。当你在复盘撰写项目建议书的工作时，还要站在牛星河和自己的角度上分别考虑，比如为什么牛星河会依据这个步骤来撰写，如果你来撰写是否会用同样的步骤，不同的步骤有什么区别，以及导致的结果更好还是更坏等。

其次，我们要多试着站在对方的角度去看待自己。有一些朋友在工作上不顺心，对未来不满意，觉得同事总跟他作对，领导也不爱理他。很多人会认为这种情况的发生是因为自己不会迎合同事和领导，其实根本就不是这些复杂的原因。而是有时候，我们在沟通或者为人处事时，不会站在同事、领导的角度去看待自己。

举个例子来说，很多年轻的投行从业者遇到一个工作任务或一个问题的时候，只会埋头照着自己的思路去做。做出来的方案往往会被打回重做。一次或两次还好，如果这种情况一再发生，同事自然对你不认可，以后再有工作，上级也会先安排给其他人做。

很多实务工作不是埋头苦干就能达到目的的，要先站在对方的角度去思考，为什么要处理这个问题，为什么要完成这项工作，理解对方的目的和态度。特别是在同一件事上，你和对方的看法不一致的时候，当你觉得自己做得不错，而对方却觉得不行的时候。这些情况都是我们要特别留意去思考的，要多想一想为什么，而不是只站在自己的角度考虑问题，并轻易下结论。就像撰写项目建议书这项工作，如果你看了前文有关投行工作本质的内容，一定会明白"理顺逻辑"的重要性，会懂得站在客户的角度去思考和撰写建议书，也会明白给你安排这份工作的同事或领导，他们是怎么看待撰写建议书的。我想，只有通过这两方面意识的培养，尽可能对自己有一个清醒的认识，才会真正理解，在与同业进行社交时，对等原则的真正含义。

第二个条件是有效。所谓有效，一是指有效果，也就是这段社交最终要有一个结果；二是指有效率，是指这段社交的结果要尽快达成。

工作几年的人已经具备一定的社会阅历，现实中的你们会有很多需要别人帮忙的情况，也会有很多别人需要你们帮忙的情况。当别人来找你们帮忙时，凭借阅历，大概都能猜到他的目的。

但在现实中，我们往往会遇到两种情况。第一种情况是，双方明明都有需求，却总是顾左右而言他，或是浪费彼此的时间，在那里自说自话。这些人不会明确说出自己的需求，这是一种谈判策略，他们的想法是等对方主动提出需求，以便自己占据主动的地位。

而第二种情况是，在他们提出自己的需求之后，不会回应你的任何需求，而是用对自己有利的话术去做空洞的解释，这就叫自说自话。他们的目的是想把你磨到没要求、没意见，以便自己能占到实际利益。

这种情况在投行实务中，往往会出现在与客户的交流里。比如你与审计机构就工作分配发生争执，最终你按捺不住，先向客户提出让步："投行可以负责设计盈利预测模型，但因为增加了额外的工作量，所以需要增加收费。"那么很可能客户并不会答应你的要求，而是强调给投行的承销保荐费已经很高了，或者以设计盈利预测模型的工作并不复杂等为理由，就是不正面回应你的诉求，以达到不想额外支付费用的目的。

现实中这两类人有很多，但是并不可取。当我们在进行社交的时候，一定不要成为这两类人，不要把自己的目的或者需求，刻意向对方隐藏。不要幻想自己不主动提出需求，对方就察觉不出你的想法。否则，你最终会白白耗费自己的时间和精力。

所以，针对有效这个条件，我们在与同业、客户交流的时候，就要尽量避免两种无效的结果。在具体实现方式上，我建议大家学会倾听和引导。

在这里，要给大家介绍一个概念——"元认知"。简单地说，元认知指的是人们对自己的行为、认知以及思考过程，进行观察、感知和评价。这个概念可应用的地方非常广，大家在学习、工作时都能用到。但这里想给大家重点介绍的是如何把元认知运用到与同业的交流中，这也就是我们接下来要提到的，如何用元认知开启更有效的沟通。

如何用元认知开启更有效的沟通

对电话销售有研究的朋友，应该会知道各行各业的电话销售人员，特别是那些刚入行的销售人员，在打电话推销的时候，手里都有本话术指引手册，可供随时翻阅。当他们在同对方进行对话时，会根据这本话术指引手册，将对方抛出来的任何话题，都框定在完成销售这个目标范围内。

大家也许会觉得，打个电话还需要用话术套路，是一件挺低级的事。没错，看起来确实有点低级，但这些套路却非常有效，几乎所有需要靠电话营销的行业和机构，都会有这么一本话术指引手册，包括大家这些年看到的很多电话诈骗、网络诈骗等案件，它们大多靠的也是一种话术套路。

但很多年轻的朋友，包括年轻时的我，在与人沟通时，是达不到这个话术套路水平的。说到这里，我们以电影《华尔街之狼》为例。电影中的男主角，在向自己刚组建的杂牌销售团队展示如何进行销售时，他就是一边向团队介绍如何去推销，一边用电话销售的实际案例做解释的。

如果大家仔细回忆这部电影，会发现男主角就是一边沟通，一边见招拆招，但始终将话题圈在完成自己销售目的的范围内。而他的这个表现，就是高级销售人员的技能——善于倾听和引导，这也正是我们在平时与同业、客户社交的时候，为了保证有效这个条件，需要去努力达到的目标。当然，要跟大家说清楚，《华尔街之狼》这部电影中夸张的销售方式，在现实中是不可取的。

至于如何实现更高级的倾听和引导，就需要我们通过"元认知"这种方式，即在与人进行社交的过程中，要让自己随时保持抽离状态，去观察和感知自己是否倾听了对方的真实诉求，因为很多时候，对方所说的话并不是表面的意思。这就要求我们不能只顾着听，还要在内心对其表述进行评价，以便尽量在短时间内理解对方的真实意图。只有理解了对方的真实意图，才代表你实现了倾听。而在倾听之后，如果意识到对方所引入的话题已经偏离了本次社交的目的，那么我们就要根据新的社交环境，引导对方再回到这个话题上来。

我们还是用电影《华尔街之狼》为例。影片中当男主角在电话里向客户提出:"如果现在不买,等《华尔街日报》将消息刊登后,就为时已晚了。"客户则回复说:"不好意思,我要跟自己的老婆商量一下。"客户表现出了犹豫的态度,这句话在很大程度上就是拒绝的意思。但男主角对客户的回复判断很准确,他向自己的员工解释说:"他们不愿意买的原因,就是并不信任你。"这种对真实意图的判断,其实就是倾听的作用。

同样,在倾听之后,男主角教会其他同事在遇到这种情况时,应该做出怎样的回应——引导对方,将已经偏离销售目的的谈话重新拉回来。电影中关于这个情节的具体内容,在这里就不多展开了,大家有时间可以看一下这部电影。我们再来看一下在投行工作的实际交流中,具体应该如何运用。还是以前文提到的故事为例。

当与审计机构讨论"设计盈利预测模型"的工作归属时,不要与对方口中的各种应该投行负责的理由去争论,而是要"倾听"其话语背后究竟是否有意愿接这份工作,如果对方其实是愿意接的,那么就要"引导"对方去和客户谈收费,而不是继续争论究竟应该由谁来做;如果对方无论如何都不愿意接,那么就要"引导"对方向客户表明态度,去创造出一个只剩下自己可以做的环境,方便下一步与客户谈收费。

当与客户商谈"因为要负责设计盈利预测模型,增加的工作量还需要额外收费"时,需要先"倾听"客户各种不接受理由的真实原因,如果只是因为对价格不满意,那么就要"引导"客户理解新增工作量的繁重确实值得开出的价码；如果客户确实一分钱都不愿意出，那么就要"引导"客户去明白这份工作的必要性，以及除了投行，其他机构都不会去负责的现状。

总之，大家可以通过这部分内容去仔细体会，在与人进行交流的过程中，如何通过元认知实现倾听和引导这两个步骤，然后再运用到投行的实务工作中。

拓展客户：如何与客户打交道

作为一名投行从业人员，无论负责承揽、承做，还是从事中后台辅助岗位，在工作中总是要面对客户的。特别是作为前台的承揽承做岗，可能大部分的工作时间，需要面对的都是客户。

当我们面对客户时，无论对方是老客户还是新客户，与他们进行社交，本质上都是为了拓展新业务。所以，在与客户打交道这个话题上，我们首先要明确的问题就是，你的客户是谁？

即便大家不是经济学专业出身，或许也听说过"帕累托最优法则"。提出这个著名定律的意大利经济学家帕累托，在分析19世纪英格兰地区财富与收入的分配模式后，发现在抽样调查的对象里，少数人占有了大部分的收入和财富，大约80%的财富掌握在20%的人手里，于是提出了80/20法则，该法则也被称为帕累托法则，我们习惯称之为"二八定律"。

投行从业人员在选择客户上，"二八定律"就有一定的适用性。但请大家注意，是有一定的适用性，而不是全盘照搬。至于为什么要这样说，那就需要跟大家聊一聊投行业的标杆——高盛，在甄选客户方面是如何随机应变的了。

"你的客户是谁"：高盛进军投行业务的经典案例

高盛这家国际顶尖投行，刚起家时其实做的是小贷业务，就像几年前国内遍地开花的小贷公司一样，主要是为个人和小企业放贷。当时高盛主要做两种业务：一种是直接放贷；另一种是从企业那里收商业票据，进行再流转，从中收取手续费。

所以，当高盛想要真正进军投行业务时，根本就挤不进主流圈子，那时已经垄断美国市场的投行承销团，比如摩根大通，甚至直接发出警告，绝不让高盛这种后起公司染指一单投行业务。面对这种尴尬的局面，二八定律可能就不适用于高盛了，因为行业里前20%的客户，正被垄断市场的投行承销团所掌控。

换作你，会接受对手的警告吗？不接受很正常，当年的高盛也没有接受，它抢到了一单投行业务，为美国中西部铁路公司发行1 000万美元的债券，结果最后因为市场突变，来不及处理，不但没拿到承销费，还额外损失了一大笔钱。也正因此，高盛在客户选择方面采取了一项创新的举措，而这一在历史关键时期的创新举措，也正是高盛能有如今行业地位的一个重要原因。

另辟蹊径：开展工业融资

当时高盛分析了投行市场的整体客户环境，看到那些承销垄断集团的大券商已经牢牢把控了当时最有盈利空间的铁路行业的债券和股票承销业务，因此另辟蹊径，去开展当时并不被看好的工业融资。

做出这个选择其实是有原因的，因为工业融资的名头听起来似乎很响亮。但当时美国很多工业生产厂商都是小规模的独立经营者，只有极少数成规模的企业去寻求商业银行所能提供的资金之外的投资。说得再直白一点，工业融资的客户就是中小企业，甚至绝大多数在当时连中型企业都算不上，而这些客户恰好对应了高盛在起家时就接触和熟悉的那一批客户。高盛最早承揽的项目，就是从很早之前就已经合作过商业本票业务的雪茄生产商做起的。

这个选择看似很简单，是用老客户去玩新花样，但在当时却面临一个很大的转型困难——在美国的资本市场上，这些工业融资客户并不被认同。

因为高盛要开拓的这类公司，其财务特点同铁路这种主流的重资产型公司正好相反，虽然有着良好的盈利，但却很难提供客观的资产证明。换句话说，这些都属于轻资产型公司。当时美国的公开证券市场也同国内一样，都是基于融资企业的负债表和固定资产去做投资评判的。所以轻资产型公司是无法在公开市场进行融资的，这就给高盛提出了一个很大的挑战。至于挑战有多大，大家看看现在国内的融资市场环境就明白了，至今通过公开市场融资的企业，仍然需要具备良好的负债表和固定资产，从而让投资者做出评判。

当时高盛为解决此难题，提出了一个全新概念，用公司的赢利能力取代固定资产总值作为衡量标准，看起来就像是现在用PE或者VC的方式，去做传统的投行业务。但那时还是19世纪90年代末，高盛能有如此创新的思路让人不得不敬佩。正因如此，高盛不仅能通过业务的创新逐步占领客户，同时也不必以降低风控为代价获取收益，包括当时还是棉花和咖啡生产商的雷曼兄弟，也是通过高盛开拓的创新业务，开始与其合作，一起进入美国证券承销市场的主流圈子。

但高盛面对的困境此时还没有完全解决，二八定律在后来还是起了作用。在高盛走出第一步创新的四五十年后，美国的投行业务市场有了新的变化。虽说高盛凭借创新业务把握住了中小企业这个客户群体，但这个群体所带来的业务量，只能说是让高盛挤进了圈子，却挤不进圈子的核心。用二八定律来解释，就是在总量中占80%的客户群体所带来的业务量，仍然无法与顶层的20%的客户群体带来的业务量抗衡。

而此时的市场也越发成熟，顶层客户群体间的竞争日渐激烈，很多公司只用固定一家投行的时代已经远去，越来越多的公司希望有一家以上的投行为自己提供服务，并且在承销过程中开始使用联席承销，对投行的执行服务要求也更高。这就使得各家大投行都开始逐渐失去过去已"锁定"的客户,在业务承揽上的竞争也变得更加激烈。

业务改革：分离承揽与承做

针对这种情况,高盛开始利用自己公司拥有较多年轻员工的优势,再次进行业务承揽方面的改革。这些年轻员工的优势就在于,很多人没什么显赫的身世,很难像华尔街的老前辈一样顺利依靠个人关系去承揽业务,但他们在融资服务方面却比老前辈更专业。所以,高盛就在公司内部设立了一个新部门,称为投行业务服务部。该部门将承揽和承做工作进行了分离,负责承揽业务的员工专心在客户身上开发高盛可以提供的任何业务,每一单业务承接过来之后,就直接转至负责承做工作的员工处。

这在当时属于创新的业务开展方式,一方面,使业务承揽人员可以更专心地将精力放在客户身上,并通过各种业务的合作将关系扎根扎牢；另一方面,又能通过更专业的承做人员在业务上提供更加优质的服务。当然,这个改革的想法很好,但想要直接面对顶层的客户,仍然会遇到不小的现实阻力。

因此,高盛选择从当时排在《财富》世界500强之后的500家企业起步,经过长时间的跟踪和研究,一点一点提升客户标准。几年后,全美国4 000多个盈利超过100万美元的企业,每家都由一名高盛的投行人员负责跟踪,并寻找业务机会。就这样坚持下去,最终这个新部门所取得的业绩,在高盛多年的历史排名里都保持第一，并使得华尔街几乎所有的投行都跟随高盛进行了业务改革。现如今，这种承揽和承做分离的设计，仍被全球大部分投行所采用，包括我们国内的大部分券商。

面对两种不同环境的高盛，在当时分别做出的两种选择，往大了说，非常值得国内目前很多正处于改革之中的券商学习；往小了说，对于我们投行从业人员如何去扩展客户，如何将二八定律融入与客户打交道的实际操作中，也有着非常好的借鉴意义。

比如很多从业人员在还未面对客户的时候，首先就分不清谁才是自己的客户，按照二八定律，大家都明白在行业里排名靠前的那部分企业就是优质客户和重点客户。但在整个行业都明白的前提下，也许你早已经被排挤在外了，这是很现实的情况。所以在开拓客户的初期，要学会像高盛一样另辟蹊径。而在与客户打交道的具体过程中，也要像高盛一样，重点从营销和服务两个方面去加强自身的竞争力。

最后想跟大家强调的是，即便你能领悟到这种方法和原则，但熟练进行实际操作仍然是一个长期的修炼过程。就像高盛在开创承揽和承做分离的新部门时，也用了长达十年的时间才在市场上站稳脚跟，并引起其他投行的跟风学习。所以，我们也要沉得住气，只要沿着正确的方向走，哪怕慢一些，但每走一步，都是前进了一步。

避免踩坑：跳槽的正确姿势

这一节要跟大家聊一聊，在职业生涯里，每一个投行从业人员都会遇到的一个最大的坑，也是几乎所有从业者都会遇到的坑，那就是跳槽。

概括地讲，跳槽的坑可以分为两种：一种是遇到了"坏老板"，另一种是遇到了"坏团队"。我个人认为，没有所谓"坏公司"的说法，因为公司是一个法人主体，没有好坏之分，你所遇到的种种不合情理的地方，或许只是个人或者团队造成的，与公司无关。

什么是"串串老板"和"坏团队"

咱们先来说说"坏"老板的情况，其实我不太喜欢用"坏"这个字眼，我更喜欢将其称为"串串老板"。

可能有很多人不知道这里的"串串"是什么含义，它并不是指串串这种食物，在四川话里，"串串"指的是专门在买主和卖主之间牵线牟利的人，类似于"中介"，但在实际场景中，人们更喜欢把开皮包公司的中介称为"串串"。

大家应该都知道，投行其实就是资本市场上的一个中介机构，再简单点来说，投行就是在买主和卖主之间牵线的人。其中买主就是投资者，卖主就是发行人。也许正是因为这个行业特性，业内的一些团队领导、部门领导在说话和办事上，感觉就像

"串串"一样，水分非常多。虽然他们不至于把 0 说成 1，但敢把 1 吹成 100 的不在少数。

我就经常会在客户面前听到类似的话，比如某券商说这个问题很好解决，另一家券商说能保证明年就上市成功，又一家券商说的价格可是你们的十分之一，等等。这些同行在客户面前为了营销业务说话带水分可以理解，但有些人在面对同事、下属的时候，仍然喜欢用这种"串串"式的表述："两万元的月薪要求完全没问题。"（实际只开 12 000 元。）"我们这里项目储存量非常多，来了你都忙不过来。"（实际上部门内没有业务，全靠员工出去承揽，每个人只发基本工资，自己能拉来业务才有承做机会。）在我眼里，这类把同事当作客户一样忽悠的老板，就属于"串串老板"的范畴，而其管理的部门或团队，正是所谓的"坏团队"。

毫不夸张地说，从我入行至今，在每一次准备跳槽的阶段都会遇到这种领导和团队。特别是那些主动找来的，有的是通过猎头，有的是通过交情不深的同业邀约，"串串老板"和"坏团队"出现的概率很大。

如何辨别"串串老板"和"坏团队"

所以，我们应该如何辨别这些"串串老板"和"坏团队"呢？

对于每家券商，无论规模大小，无论是国企还是民企，都有自己的发展道路。有的只走大路，有的表面上只走大路，其实喜欢抄小路、走夜路。

我在这个行业里沉浮多年，总结发现，大多数"串串老板"和"坏团队"基本上都出自喜欢抄小路、走夜路的公司，而这些公司以民企性质的券商为主。大家可能会了解到，在很早之前，国内个别行业的顶尖公司做大之后，都会想要涉足金融业务，申请或收购一些金融机构的牌照，特别是银行和证券公司的牌照。虽然牌照审核比较严，但仍有很多民企券商不断涌现。

很多同行会收到猎头公司的邀约，但是希望大家在考察时，对待那些比较新的、比较小的，以及民企风格比较浓厚的公司，要更慎重一些。我曾经接触并考察过几家这种类型的公司，可以说这类公司在整体风格、业务上的打法以及组织规范程度上，还都处在比较低的层次，大多为了在短时间内提升自己在行业里的业绩排名，略显急躁，甚至跟老牌金融机构比起来，吃相过于难看。比如有的券商就打出高薪旗号或者夸张的收入分成比例，在行业里到处挖墙脚，等挖来的人才实现了业绩承诺，却又想尽一切办法让其完成的业绩不达标，甚至直接单方面推翻之前的承诺，总之用各种手段逼迫员工主动离职，它再去行业里忽悠新员工填补空出的位置，一直循环往复下去。现实中这样的情况不在少数，有心人可以上网搜索一下，能找到各种相关的行业劳动仲裁案例，当事人中有普通员工、部门领导，甚至有券商高管。

所以，针对"串串老板"和"坏团队"，建议大家在跳槽前，一定要做好尽职调查工作。

说到尽职调查，应该说这本来就是投行从业人员经常做的一项工作，大家应该比较熟悉了，也许做完调查后就觉得自己可以轻易辨别对方。但是各位不要忘记，尽职调查也是"串串老板"和"坏团队"熟悉的工作，有些个人和团队的反尽职调查工作做得会比普通从业者更"高明"。下面就给大家介绍几种比较有效的尽职调查方法。

针对"坏团队"的尽职调查

首先是针对"坏团队"的尽职调查。为什么说要对"坏团队"做尽调，而不是对其所在的券商做尽调呢？因为个人针对券商做尽调，难度其实是不小的，而且公司的业绩跟员工待遇是没有正相关关系的，所以大家如果像尽调普通企业一样，去看某家券商的财务数据是否优秀，其实没什么意义。

如果我们想去了解一家券商，只能分两种情况考虑。第一，对于国企和老牌券商，这类公司的风格其实已经比较稳定了。我们要做的就是多向公司的内部人员打听，一般从他们那里了解到的信息跟实际情况不会有太大出入。而且这种公司的薪酬体系也已经很稳定了，除非你的能力很突出，否则去谈任何一个职级，都不可能随意突破该公司已经确定的标准。

当然也有例外，就是公司最近换了领导层，或者行业发展的大风向最近有变化。最近几年，资本市场"降杠杆"的进行、科创板的推出、注册制的推进等因素，让整个券商行业面临新一轮洗牌，比如中金公司并购了中投证券，天风证券成为恒泰证券的大股东等，这些相关券商就对员工的收入分配制度进行了适当调整，特别是一些老牌的国企券商更加市场化，我在公众号"大力如山"以及微博账号"王大力如山"上介绍过不少，大家平时可以密切关注。

第二，对于那些成立没多久，或者说规模比较小的券商，考察意义就更小了。因为这些公司的管理更加灵活，管理层可能说换就换，其风格和打法也比较"随便"，哪怕前一年业务发展得还很好，员工待遇也不错，但这些短期冲上去的业绩，很可能靠的只是个别团队，甚至个别员工带来的。如果这些团队或人才的业绩无法稳定，公司的业绩可能说下来就下来，员工的待遇标准也可能大打折扣，包括时任管理层，不管是主动还是被动，都有可能随时被调离。所以对于"坏团队"的尽职调查，更多是要像辨别"串串老板"一样，重点考察这个团队或者部门的负责人。

对"串串老板"的尽职调查

如何针对个人做尽职调查呢？这与针对企业做尽职调查是不一样的。因为考察一个团队或者部门的负责人，不需要过多关注他的财务指标，而要重点关注他的个人履历，比如他之前在哪家券商、哪个部门工作，做到了什么级别，什么时候入职，他来到这儿之后是级别不变还是有所升迁，现在管理了多少员工，这些员工的职级分布又是怎样的，是否都是之前一起跳槽过来的，如果不是的话，那么重新招聘来的占比有多少，等等。

同时，我们也不需要过多关注他向你描述的未来规划，而是重点去关注他的历史业绩。因为资本市场的变化太快了，对未来的规划、业绩的预估，很多都是无法实现的。所以，我们一定要重点关注他的历史业绩水平是否稳定，否则他给你描述的未来规划再好，也只是水中月。

最后一条也是最重要的一条，对人的尽职调查其实就是对人品的考察。我知道有很多同行，包括过去的我有时也是这样，虽然自己的职级不低，但在面试的时候，当对方的级别比自己高，哪怕跟自己是平级时，也会不由自主地降低自己的地位，交流起来只展示自己可以满足对方的要求，却忘了自己也需要考察对方是否满足自己的要求。所以我想告诉各位，无论大家仍是学生，还是工作不久的投行从业人员，有这个心态都属正常，因为跳槽更多是对方在考察你、挑选你。但是，当我们到了项目负责人及以上的职级时，情况就大不一样了。只要我们符合招聘要求，有足够的能力，那么更多是对方需要我们。当然我们也不能因此就恃才傲物，只是希望大家能把跳槽时的面试尽量当作一个双方对等的交流场合。对等交流，其实也是一个直接感受对方人品的好机会。

另外，除了直接考察之外，投行圈子也是很小的，多在行业圈子里打听面试官的人品，多听听这家公司内部朋友的意见，有时候也会有意想不到的收获。说到底，在这个行业里选择公司和团队，其实就是选择人，选择未来的领导和同事。多年的从业经验告诉我，选择靠谱的同事和领导比选择公司更重要，一个公司是很难去主动关心并为员工考虑的，而能关心你、帮助你成长的，一定是在你身边工作的领导和同事。

然而，即便我们分得清跳槽的坑，但在职业生涯的某个阶段，自己是否需要去跳槽，仍然是重要的问题。我个人认为，过于频繁地跳槽是我们行业的一个大忌，但频繁跳槽又确实是大多数从业人员的职场常态，所以接下来要跟大家好好聊一聊这个话题。

投行人为何频繁跳槽

从业年限比较长的朋友，心里应该都很清楚，频繁跳槽是一个多么现实而又糟心的词，特别是在近几年，"降杠杆"对通道类业务的影响，券商之间的重组兼并等事件的发生，让投行的从业环境也大不如前。而频繁跳槽这个词代表了我们最不需要遇到，或者说遇到了又最需要去摆脱的一种境地。但在现实中，很多人往往对此不以为然，或者说无能为力。

无能为力的原因

先解释无能为力的原因，在投行这个行业里，这是一个非常现实的情况。

大家不要觉得投行人看起来好像挣得多一点，技术含量高一点，从业人员的素质普遍就都比其他行业高。恰恰是这个行业里拿高薪的机会太多，使有些人在涉及物质利益的时候，压制不住内心的浮躁，结果就造成一两年跳一家公司，甚至一年连跳好几家公司。我就见过在一年内换了三家券商的同行，也见过三年时间从做主板上市的岗位，换到做新三板，再换到债券承销岗位的同行。

大家知道个中原因吗？

自己根据行业变化所做的职业规划是一方面，但更主要的原因是，有不少券商不是伤了员工的心，就是克扣员工的收入，甚至兼而有之。结果就导致在很多情况下，投行从业人员是无能为力的，就像在一年内换三家券商的同行，每一份工作的时间肯定不会长，也根本不足以完成任何一个投行项目。谁愿意丢下手头的项目，或者带着自己的项目来回换工作，从而影响项目收入的实现进度呢？对于这种无能为力的情况，我们也只能寄希望于跳槽前对"串串老板"和"坏团队"做好分辨。但危害更大的，是我们主观上对频繁跳槽的不以为然。

不以为然的危害

接下来，对于对频繁跳槽不以为然的朋友，我们来好好聊一聊这会对他们造成什么样的危害。

首先，频繁跳槽带来的最大危害就是，你会发现自己在职业道路上越来越难积累了。积累的一方面是指收入，因为在这个行业里，收入的大部分来自项目奖金，但大部分公司都把项目奖金放在年终发放，而且年终奖的发放时间拖得越来越久，有的券商甚至拖到下一年的七月，别说是做周期很长的 IPO 项目，即便是做周期短一些的债权业务，如果跳槽，是根本拿不到过去的项目收入的。特别是在 2018 年 3 月，中国证监会发布《证券公司投资银行类业务内部控制指引》，明确要求了"证券公司应当针对管理和执行投资银行类项目的主要人员建立收入递延支付机制，合理确定收入递延支付标准，明确递延支付人员范围、递延支付年限和比例等内容。对投资银行类项目负有主要管理或执行责任人员的收入递延支付年限原则上不得少于 3 年"。所有券商的年终奖都不会一次性发完，而且有不少券商等员工跳槽后，会直接吞掉未发的那部分奖金，不少同行为了要回自己应得的收入，最终不得不花费大量时间和精力，与老东家对簿公堂。

　　积累的另一方面是指业绩和能力。首先，跳槽本身就是一件很费心力的事，交接工作、在新的环境中磨合，差不多要耗费两三个月甚至大半年的时间，这会非常影响自己业绩和能力的积累。就像前文所说的那位一年内换三家券商的同行，他的每一份工作的时长，根本不足以完成任何一个投行项目。虽然这个例子有些极端，但本质上道理是一样的。每一家券商筛选项目的门槛都会有差异，一个新环境会对你手头的项目进度造成很大影响，也会额外花费你大量的时间和精力去解决新问题，严重影响你的业绩和能力的积累。其次，频繁跳槽对人脉关系也会产生比较负面的影响。大家都知道在这个社会，人与人之间缺少的就是信任。特别是在投行这个行业里，营销人员与客户之间的信任，不仅很难像其他行业那样建立起来，即便建立起来后，也很容易再次变得生疏。无论是我们平时交往的朋友，还是经常联系的客户，可以说大部分都是工作之后才逐渐熟悉起来的。我们与这些人建立的信任关系大多是比较脆弱的，一旦开始频繁跳槽，就会给别人留下一种很不稳定的印象，有些客户可能觉得你对待工作这么随意，那么也不会专心对待他的项目。于是，我们从他们那里所获取的信任感往往就很容易在这个时候土崩瓦解。

最后，一旦走上了频繁跳槽的路，有的人是很难停下来的。有过跳槽经历的人，应该都会有这样一种感觉，就是在新公司还没待多久，尚处于磨合期的时候，就会接连发生各种令人不悦的事。很多人就开始后悔自己的选择。如果你能度过磨合期，后面还有可能会逐渐适应新环境。但是如果你熬不过去，可能就面临重新选择公司或者行业的处境。只要不满意就跳槽，久而久之就变成了频繁跳槽。这种职场坏习惯会使大家每次遇到不顺的时候，都先从公司、团队或者领导的身上找原因，而不是看看自己有没有努力做到位，也不会反省自己是不是可以改进来适应新的环境。因此，如果有些朋友一直想不通这一点，恐怕很难跳出频繁跳槽这个怪圈。

如何"正确"跳槽

如果跳槽是迫于无能为力,各位就不要再拖着了,一家公司如果对待员工不好,就不要过于期望其未来会有更好的表现。所以,我们只能以事前预防和事后尽快处理这两种方式去解决问题。

事前预防指的是自己要学会前文所说的"跳槽的正确姿势",尽量在入职之前,能够分辨清楚"串串老板"和"坏团队"的真实面目。事后尽快处理,指的是一旦发现自己的领导是"串串老板"或自己身处"坏团队"中,不要被领导口中描绘的"大饼"等各种理由拖延,每个人的职业生涯都有限,需要我们在尽可能短的时间里寻找到更合适的地方,否则拖得越久,沉没成本就越高。

至于那些对频繁跳槽不以为然的朋友,建议你们有必要好好思考一下前文的内容,调整自己的心态。不论哪个行业,都很难说有十全十美的公司和岗位。比如国企券商方方面面都更稳定,成熟的体系已经设定好了每个职级的薪酬和升迁路径,如果不出意外,你可以按部就班走下去,但涨薪和晋升必须满足一些资历要求,可能会让你觉得对于投行来说过于僵化。民企券商在体系方面更灵活,你的薪酬和职级都由你的能力决定,为公司创造业绩的能力越大,你的薪酬和职级就越高,但如果某一时期的业绩没能达标,那么相应地,薪酬和职级就会重新降回去,这种纯业绩导向、不考虑其他付出的考核方式,你又会觉得压力太大。

人总是这样,会一山望着一山高。所以,要想避免走上频繁跳槽这条道路,最重要的还是调整好自己的心态。

第四章

资深从业者的投行晋级之路

专注技术还是转型业务

前面已经说过,投行前台岗位一般分为承做和承揽,无论是国外的投行,还是国内的投行,承做和承揽都是行业中联系最紧密的两个岗位。主要原因有两个:其一是承做和承揽同属于业务团队,负责承揽工作的往往就是负责承做工作的直属上级;其二是负责承揽工作的从业人员大部分都是从承做岗位开始,一步一步成长起来的,或者说,承做岗未来的职业发展方向,最大可能就是上升到承揽岗。但只有真正从事过投行业务的人,才清楚一个真实情况的存在,那就是在承做岗和承揽岗之间会有一个非常明显的天花板,只有突破了这个天花板,才能从承做岗成功上升到承揽岗。

所以本章会与大家聊一聊,当积累了一定的投行工作经验之后,我们应该如何做出职业选择,怎样突破承做与承揽之间的天花板,以及突破天花板之后,我们需要掌握的职业技能。

细说承做岗与承揽岗的特点

根据工作内容划分，承做岗位更偏向于技术工作，而需要突破职场天花板才能晋级的承揽岗位，则更偏向于营销工作，也就是为团队或者部门争取业务的工作。这两个岗位侧重点不同，工作特性也各不相同。

承做岗的三个要点：快速、取舍、执行

先说承做岗，在我看来，要评价一名承做人员的工作能力强，可以用一句简单的话："这个同行的活儿做得非常好。"从这句话里，大家其实能看出来，承做岗的最高要求是要把项目合适地做出来。

这个评价看起来很容易实现，但也许只有投行从业者，特别是那些经历过每一个承做职级的同行，才能真正理解，在国内的监管环境、市场环境之下，能合适地做出每一个项目是一个多么高的要求。在这个语境下，"合适"二字具体是什么意思呢？

"合适"的意思，并不是说什么项目都能做出来，或者说都能很快地做出来。就像前文所讲，投行的项目并非十全十美，大部分项目瑕不掩瑜，已经算得上非常好了。对于优秀的承做岗来说，面对每一个项目，都要根据这个项目的具体特征，快速找到项目的瑕疵，然后快速想出解决办法。如果出现了无法解决的问题，那么该放弃就要放弃。如果可以解决，那么就要快速执行。

而在这一系列操作中，特别需要大家注意的有三个要点。

首先是"快速"。大家可以看到，在上面那句话里，"快速"一词被我重复了三次。为什么快速那么重要？这是由国内的监管环境和市场环境决定的。金融业务的发展，包括投行业务，自始至终都要受到监管部门的指导，监管部门的文件一出台，投行业务立刻就要做出调整：原本不能做的业务，可能马上就能做了；原本能做的业务，也可能就不能做了。比如公司债业务，2015年监管部门颁发了有关公司债的新规定，以往只有上市公司才能发行的公司债，新规定发布后非上市公司也能发，所以当年公司债业务开始突飞猛进，特别是融资需求旺盛的城投类和房地产类企业。没过几年，井喷的城投类、房地产类企业的公司债融资量就引起了监管注意，很快各种监管文件一一出台，城投类和房地产类企业申报公司债开始受限，如今就只有个别符合要求的城投类企业可以申报公司债，而房地产类企业几乎全部无法申报公司债业务。在这期间，很多业务调整方向较慢的券商，要么没有享受到开闸时的市场红利，要么就有一堆无法申报、拿不到收入的项目砸在手里。另外，虽然国内金融市场的环境受到监管环境的制约，但市场对监管的反应偶尔也存在滞后或者提前，而市场的反应会直接影响投行业务，使其变得更加容易或更加艰难。就像前面说的公司债的例子，当后期监管出文开始逐渐限制城投类和房地产类企业申报的时候，市场的第一反应并不是收紧对这两类公司债的投资，恰恰相反是更热衷于投资这两类企业，所以券商在此时对于业务转型的看法，除了考虑监管的态度之外，也要考虑市场的反应。

其次是"取舍"。大家知道在投行工作中，特别是在承做工作中，最糟心的事是什么吗？并不是没项目可做，而是在项目做到最后的时候发现，项目做不成了。这种结果的出现，一部分是由于客观原因，比如政策或者市场的变动。当然，这个客观原因也可能是从业人员的主观因素造成的，比如因为自己的反应不及时，而受到政策或者市场影响，最终导致项目失败。另一部分是由于主观原因。其中，最主要的是从业人员在承接业务的时候，明知道最后有很大的概率项目会失败，但还是会选择赌一把。这种情况往往发生在资本市场牛市的时候，或者是在相关政策支持并鼓励投行业务发展的时候。因为那时投行业务的门槛很低，投行从业人员的进入门槛也很低，这就导致大家对业务的判断更多是靠赌一把而不是专业性，不管项目能不能做，都先拿下来再说，期待最后"彩票"中奖。但经验告诉我们，这种情形下大部分从业人员最后赌输的可能性是最高的。只有那些能够沉下心坚持投行业务标准的从业人员，因为勇于放弃不符合标准的业务，才能在职业发展道路上走得更远。

中小企业私募债这个投行类产品的短暂历史是一个很好的例子。2012年5月，《上海证券交易所中小企业私募债券业务试点办法》《深圳证券交易所中小企业私募债券业务试点办法》同期颁布，特别推出了针对中小企业融资的债券类产品：中小企业私募债。当时推出这个产品的目的是解决中小企业融资难的问题，想借该产品为中小企业创造直接融资的机会。但本身资质达不到直接融资水平的中小企业，即便特意开发出一个产品类，也解决不了资质这个本质问题，最终该产品很快就沦为中国版的"垃圾债"。中小企业私募债成为银行对公客户获取贷款的一个通道，原本能够直接放贷的银行资金，又加了一层券商的"承销费"，这让符合资质的客户融资变得更贵，不符合资质的客户多花钱进行了一层"包装"，最终成为劣币驱除良币的典型市场。众多的中小企业私募债发行人也在一两年后的兑付日纷纷现出原形，监管很快停掉了该产品，最终行业里因此"中奖"的券商员工并不多，"中雷"的券商和投资机构却有不少，有的至今都还在与违约的发行人打官司。

最后是"执行"。对于从事金融工作的人，特别是从事投行工作的人，面对问题时快速想出解决办法并不算什么大问题，真正的问题是在实际执行的时候，落实程度往往会大打折扣。

我都不需要列举复杂的例子，只问两个最简单的问题：有多少工作能够在设定的截止日期前完成？所做的申报材料，其中的文字以及数据的准确性，你愿意为此复核多少次，最终又能达到什么样的准确率？

这两个简单的问题其实就能代表投行真正的实务工作是怎样的。大家在实务中更多要处理的是各种琐碎的问题，以及完善文字工作的细节，但在实际工作的执行上，就是有不少的投行从业者连这些最基本的要求都达不到。不仅是国内投行，外资投行对材料中文字和数据的准确性也看得特别重，比如摩根大通原CEO，在看杂志时遇到错别字，都会习惯性地用笔圈出来，而我们的从业人员都能做到吗？大家看看监管对投行出具的相关处罚就明白了。2019年5月，监管对科创板出具首张罚单，就是因为在某券商保荐某公司科创板IPO申请过程中，未经同意擅自改动注册申请文件。为什么要改？是因为之前披露的数据有错误，后来重新提交了数据，两种不一致的数据中，肯定有一种没有经过仔细核实就披露了出来。

说这些是为了表达，如果连小细节都处理不好，那么当更大的问题出现时，你的执行效率和工作质量是很难让同事以及客户信服的。所以，执行也是承做工作中需要特别注意的一点。

承揽岗的一个特点：商业思维

说完承做，咱们再来看承揽。如果你跟我一样，也是从承做开始，一步步做到承揽的，那么你应该就会明白，上文所说的这些承做工作的特点，同样是承揽在日常工作中需要关注的。因为只有在项目顺利完成后，公司才能获取项目收入，承揽才能与承做一起拿项目奖金，承揽才有可能拿到比承做更高的项目奖金。自然，承揽也应该比承做更积极地去关注项目。

但这些工作只是承揽应该做的，还谈不上承揽的特点。在我眼里，承揽岗位最重要的一个工作特点，就是需要具备商业思维。

什么叫商业思维？简单地说，就是工作的最终目的，是要给公司带来业务和收入。有的朋友可能会说，承做岗位的工作目的是把项目完成，似乎最终也是为了能使收入落地。说得没错，但两者之间还是有很大差异的。

承揽需要具备的商业思维，是一种非常主动的意识，承揽就是在这种主动意识的指导下完成工作的。而承做为了达到使收入落地的工作目的，更多会考虑如何完成承揽分配的工作。比如一些从事承做的朋友，虽然技术能力不错，但只等着客户或者领导给他安排工作任务，埋头做执行，这就是不具备承揽的主观意识。

所以，在很多情况下，观察从业人员是否具备商业思维，能否主动寻找业务和收入，就是区分承做岗和承揽岗的重要方式。

当然，承做和承揽的工作特点不同，并不代表其中一个岗位就一定会比另一个岗位优秀。最终我们是选择继续专注于承做，还是转型做承揽，都需要根据自身特点，以及当时所处的时机去决定。

具体该如何做这个决定呢？下面将详细给大家介绍，当承做处于需要转型的阶段时可以做的选择，以及做出选择之后未来的发展道路。

专注承做的三条路径

前文曾经说过，承做岗位一般在做到董事、业务董事、执行董事这类职级时，也就是作为团队中的项目执行负责人时，如果还想继续进步，那么就会面临是否要转型做承揽的压力了。通常情况下，大部分的项目执行负责人会选择转型承揽，毕竟从表面来看，承揽的收入和职级都要更高。但大家千万不要对此有所误解，觉得选择继续专心做承做，就没有任何上升空间了。这种想法肯定是错的，因为在我看来，如果继续专心做承做，仍然至少有三条发展路径可以供大家选择。

在原岗位深耕技术水平

第一条路径，就是在原岗位继续深耕，把自己的技术水平从"术"的层面逐渐往"道"的方向提升。具体是指，不能再只顾着提高自己的技术了，因为即便自己的技术再高，也只会让你在业务上越来越资深，或者简单地说，只会让你做项目的效率越来越高，但这些进步却很难让你在职级上得到提升。

因为个人的精力和能力是有限的，当你到达一个高点，再想继续提升自己的位置，仅靠个人的效率会变得非常慢。处在董事职级附近的承做人员，恰好就是在这个高点上。所以，要想继续提升自己的位置，要么去换一个新的环境，要么就必须学会借助他人的力量。而这里说的第一条路径，就是一种借助他人力量的方式。

从"术"的层面往"道"的方向提升，具体来说就是，你要学会把自己的技术归纳总结出来，多去重点培养自己手下的承做员工，要让他们的技术水平逐渐提升到项目负责人的水平。

如果大家理解不了这种解读方式，那么下面讲一个通俗一点的比喻。如果你已经是一名排名前列的武林高手，仍想继续提高自己在武林中的地位，那么继续靠下苦功提升自己的战斗力，效率就变得很低了。你应该选择重点培养自己的徒弟，让他们变得更强，最好是能变得像你一样强。那么，当人们提起你徒弟的时候，也都会想起你，你在武林中的地位就能往一代宗师这个更高的方向靠拢。本文所说的第一条路径，其实就是这个意思。

而在投行的实际工作中，也是这样。具备这种培养承做人员能力的项目执行负责人，在各大券商内部都非常抢手，甚至很多其他团队会慕名而来，专门找你进行业务上的合作。正如前文的高盛发展案例，大家能看到早在其尚未发展壮大之时，就主创了投行承揽与承做两岗隔离的改革，专门设置投行业务服务部，此举正式为投行承做开辟了第一条发展路径，高盛也凭此改革让公司进入全球投行巨头之列，很快全球就有不少投行跟风进行了同样的设置。

越来越多的国内券商已经在公司内部设置了项目执行总负责人的岗位，专门负责管理和分配公司内部所有投行项目的承做人员。而这个项目执行总负责人的岗位，最高职级也能达到 MD，堪比承揽岗位的同行。所以这个方向就是我们选择继续做承做的第一条发展路径。

在内部寻找类似承做岗的机会

第二条发展路径就是在公司内部寻找转为类承做岗的机会。什么是类承做岗？就是这个岗位需要承做的技术，平时的工作内容也与承做息息相关。认真看过本书前面内容的读者，应该会明白我说的是什么岗位。没错，投行质控这类后台岗位就是此处所说的类承做岗。

不知道大家是否还记得前文介绍的投行质控岗的特点，下面咱们来简单回忆一下。相对于投行的其他岗位，质控岗有一个特别显著的特点，就是低级别和高级别的质控员工，在职业发展路径上有很大不同。

比如在现实中，有过投行项目工作经验的人，一般都不太愿意去做低级别的质控员工，所以券商只能更多地去招应届生，或者找审计机构、律师事务所等其他中介机构的员工来做质控。但这些人只是将质控岗位作为一个临时性跳板，更多是为了日后可以转去投行的承揽承做岗。所以，现实中有很多做了两三年质控的朋友，一有机会就会转岗。

此外，质控的高级岗位对任职人员的专业水平及其在投行项目方面经验的要求是非常高的，因为他们要对是否可以承接某个投行业务，以及该业务能否达到可申报监管的要求做出判定。所以，质控的高级岗位大多是一些项目经验丰富，但又觉得出差太累的承揽承做人员转岗而来的。

拥有丰富实操经验的项目执行负责人转去投行质控这些类承

做岗也非常受欢迎，那些项目经验丰富、能力突出的，甚至可以直接去负责管理整个投行的质控部门。这对于承做岗位来说，也是一条很好的发展路径。

特别是最近几年，监管机构对券商的内控要求越来越严格，各家券商对质控岗位的需求的提升也很快。无论是监管部门还是各大券商，都越来越重视业务的风险管理，越来越重视质控这个岗位，如今质控岗位负责人的级别，至少是跟承做承揽岗的负责人平级的，甚至有时还会比他们更高一些。

所以这个方向，就是承做岗的第二条发展路径。

寻找外部机会

至于第三条发展路径，就是到外部寻找其他机会。这里所说的外部机会可以分为两种情况。

首先是跳槽去其他公司，但仍然做本行业的承做岗。这种跳槽主要追求的是未来在薪酬、职级或者平台发展上的一种进步。比如你在某家券商虽然是项目负责人，但相应的职级只是SVP（高级副总裁）或者董事，月薪也在2万~3万，但你跳槽到另一家急需招聘项目负责人的券商后，对方可能会把你的职级升为ED（执行董事），薪酬也会相应地水涨船高。或者市场上的其他券商虽然在职级和薪酬上无法给你调升，但你觉得去了之后会被领导或公司重视，这都是现实中大家跳槽时经常会遇到的情况。

其次，是转去大投行业务范围内的其他市场，继续做其他市场的项目承做岗位，比如在股权业务、债权业务，或者在券商投行、银行投行等机构之间进行市场或行业的转换，这种跳槽主要追求的是扩展自己在专业技术上的宽度，相对于仍在本行的纵向成长，这种在横向取得成长的方式，也是一种很好的职业选择。

这条发展路径，也是现实中那些没有选择转型承揽的承做人员，所做的最多的一个选择。但在上述列出的三条发展路径里，最后一条路径的性价比应该是最低的。因为当你们选择这条路径的时候，有较大的概率会陷入"频繁跳槽"的坑。

因此，在这里再简单强调一句，投行的职业生涯要想走得稳、走得远，那么能不变动自己的部门和岗位条线，就尽量不要频繁地内部转岗。当你要在内部转岗和外部跳槽之间进行选择时，能选择内部转岗就尽量不要选择外部跳槽。当然，这只是通常情况，具体问题还要具体考虑。

转型承揽的两条路径

上文讲完专注于承做可选择的三条发展路径后，咱们再来看一看，如果选择转型承揽，还有哪些路径可选。一般来说，转型去做承揽，有两条路径可以选择。

第一，在原承做岗位的基础上，在平时做项目的过程中，开始主动尝试承担一定的承揽职责，慢慢过渡自己的角色，等你发现在自己的日常工作中，承揽角色的占比要比承做多时，就说明你已经完成这个转换了，这算是一种比较被动的转换。就像前文经常提到的牛星河的例子，如果他从校招入职一直成长到承做项目负责人，都稳定地待在一家投行没有跳过槽，也算得上部门里的老员工了，那么无论是自己对进步的渴望，还是领导对其再进一步的要求，都会让他开始逐渐熟悉部门的老客户，老客户与他对接新业务时，就会慢慢让他负担起更多的承揽角色。

第二条路径更主动一些，是当你觉得自己已经积累了一定的客户基础，或者说已经建立了自己的业务渠道，那么就直接内部转岗做承揽，或者直接跳槽去另外一家投行做承揽。咱们还是用牛星河的例子，如果当他已经成为部门里的承做老员工，自己渴望能逐渐承担承揽业务的职责，或者已经积累了一些业务资源，想把时间和精力更多花在承揽业务上，但领导却觉得他能力还不够，也许觉得部门的承做工作更缺人手，最终没有给他转型承揽的机会，那么为了职业发展的考虑，牛星河很可能就会转去愿意给他机会的其他团队，或者直接带着业务资源跳去其他券商做承揽。

选择承做或承揽的意义

总之，选择继续专心于承做，或者选择转型去做承揽，后边将会面临何种发展路径，基本就是上文所讲的这些内容。但这里更想告诉大家的是，无论最终你选择了哪一条路径，其实都有好有坏，不要有太大的压力，因为每一条路径的存在已经证明了其合理性。唯一需要大家提前了解的，是下文所说的，做选择的意义究竟是什么。

关于这一点，我想告诉大家的是，承做和承揽只是两个发展方向，没人可以说哪一个方向就一定比另外一个要好。虽然大多数的投行从业者最终都会选择从承做转去承揽，但这种情况不仅发生在投行这个行业里，其他服务类行业的从业者也会去选择类似的路径。比如会计师事务所、律师事务所等公司的普通员工，他们在本行业晋升的路径就是升合伙人，而合伙人的主要职责其实就是承揽审计业务、法律业务。所以等他们升到合伙人之后，也会从审计业务、法律业务的承做工作转到承揽业务上。

这主要是由两个原因导致的。一是大部分承揽人员的收入确实是比承做人员更高一些。二是由服务行业的特性决定的，比如投行、审计、律师这种服务行业都是靠口碑行走于业内的，如果投行的承做技术人员业务做深了，有了自己的声誉，可能有时候都不需要主动转型承揽，自然就有业务主动找来合作。

但究竟如何选择，自己一定要提前考虑好，不能说自己只是奔着更多的收入去。因为在投行这个行业里，收入是和你所承担的风险成正比的，收入越多，要承担的风险自然也越大。特别是国内这两年的资本市场，监管和反腐的力度越来越大，业务承揽也越来越规范，承揽想挣更多的钱也不是那么容易的。所以，也不能看到别人选择走什么路，自己就闷头跟着走。一定要结合自己的特长和喜好，选择一条愿意一直走到底的路，哪怕走得很辛苦，也仍然能奋战到底。我想，这才是我们做这个选择的意义所在。

打破天花板：承揽没有那么难

上一节特意与大家强调了，在做选择之前一定要明白做选择的意义是什么，是要结合自己的特长和喜好，选择一条自己愿意一直走到底的路。但同时不可否认，大部分的承做从业者都会选择在合适的时机转型去做承揽，无论是主动还是被动。所以接下来要给大家详细介绍一下，当承做要转型做承揽时，他们所面对的"天花板"究竟是什么，以及如何打通这个上升通道。

从承做到承揽的天花板：客户资源

前文说过，相对于承做岗位，承揽岗位需要具备商业思维。这是指工作的最终目的只有一个，那就是要为公司带来业务和收入。这是一种非常主观的意识，承揽做任何事都是为了达到这个目的。

曾经有位行业大佬告诉我，对于在投行领域从事承揽工作的人来说，客户关系或者说资源，就是其在职场上的资产。我非常赞同他说的这句话，而且承做与承揽之间的那层天花板，也正是客户关系或者资源。我想大多数读者应该也会赞同他说的这句话。但各位可能不知道，你们心中的客户关系或者资源，恐怕与我所指的并不是同一个意思。

有很多年轻人曾经问我这样一个问题：投行里没有资源的人，是不是就要一辈子做承做，没办法转承揽了？

这个问题其实也是我自己在没入行之前，以及刚入行的那几年里，一直都困惑的一个问题。我很理解为什么你们会有这种疑问。这是因为有很多人在没进入投行之前，甚至在刚入行没几年的时候，看到行业内动辄几十亿、上百亿融资额的项目，或者一单业务有几百万、上千万，甚至上亿的项目收入，就会觉得投行的业务承揽需要与复杂的关系、深厚的资源结合到一起。但可能你们根本就没有仔细考虑过，投行需要的客户关系和背景资源真的是指这些吗？

首先，大家所想的那些 VIP、关系户，这些现象确实是存在的，没必要跟大家否认。但你们要知道，这种现象并不是投行独有的。

其次，在投行这个行业里，你会发现有不少背景普通的员工，也能获得很多大型项目、优质项目。这又是为什么呢？早些年在投行从事债权业务的人或许都知道，单靠自身的关系，想去承揽企业债之类的项目得动用非常大的能量。所以，那些本身分量不够的 VIP、关系户自然就会被行业主动筛选出去。而对于具备足够能量的 VIP、关系户来说，投行仅仅是他们可以做的选择之一，还有很多其他更好的选择，他们并不会觉得做投行就一定很好。而真正来做投行的 VIP、关系户，很多纯粹是出于对这个行业的热爱或者好奇。因此，投行所指的客户关系资源，或者说这个天花板，其实和大家想象的不一样。

而投行真正所指的客户关系和资源，是在工作当中，从初入职场的时候，靠着自己的专业水平和靠谱程度，不断被同行、客户认可，然后一点一点口口相传，才形成了自己的关系网，有了自己的客户群。这才是大部分做承揽的投行从业人员所依靠的关系和资源。

如何打破天花板：读书和学习

上文所说的天花板看起来似乎很简单，一定也会有很多读者觉得这根本就算不上天花板，或者说，会觉得这个天花板很容易被打破。但这只是看起来简单罢了，否则现实中就不会有远远多于承揽岗位的承做从业者了。

各位都听过这句话：书中自有黄金屋。没错，这句话正是我想说的打破天花板的方式——读书和学习。

现在网红遍地，年轻的创业者无数，相比较起来，读书和学习好像是一件成长太慢的事，甚至是一个不明智的选择。其实大家看到的那些网红和成功的年轻创业者只是典型的幸存者偏差现象，还有很多是你们没有看到的，一直在生存线上苦苦挣扎的奋斗者。有些年轻的大学生总是在网上发私信向我抱怨自己很努力，为什么找一份投行实习就那么难。在我这个旁观者的眼里，这些年轻人还真称不上足够努力。

我经常会收到这种留言，说自己本科学历一般，又想去从事投行工作，咨询要不要去读个更好的研究生，或者要不要去考注册会计师、法律职业资格之类的证书，考这些证书对进投行有没有帮助，考过了是不是就一定能进投行。这些问题其实根本就不需要问别人。如果自身学历没有优势，还不去考一个自己能力范围内的研究生，考一些行业需要且含金量高的证书，那么进入投行的机会为什么会留给你。

大家所看到的行业里普通的中层领导也正是专注于更为稳定的专业和技术，以这些作为基础，一步步走上如今的岗位的。在这里不需要说其他人，就拿我自己的经历就可以举例。

在行业里的这些年，我有很多关系很好的客户，他们不需要我特意去迎合，也都愿意与我进行业务上的合作。各位认为我能做到这些，靠的是什么呢？我也是普通背景，并没有VIP的深厚资源。他们为什么会信任我？就是因为我的专业能力和靠谱程度是值得他们信任的。如果靠着跟客户关系亲近就能获得业务，你是客户的朋友，其他同行就不能是客户的朋友吗？如果你是客户的亲人，但你能是每一个客户的亲人吗？专业能力和靠谱程度不一样，每个人的专业能力和靠谱程度都不同，而且有无限的潜力可以挖掘，若其他同行的专业技术比你强，靠谱程度比你高，那我们可以视其为榜样，努力去变得更强、更高，努力是没有上限的。不只是年轻人不明白，还有不少同行经常抱怨自己做投行永远是乙方。其实任何一个行业都不是纯粹的甲方或乙方。如果你把自己看低，那就不要怪对方把你当作乙方。我们不仅要尊敬自己的职业，尊敬自己的客户，尊敬自己的竞争对手，最重要的是要尊敬自己的努力和能力，这样别人自然就不会把你看低，我们也根本无须借用外力，仅靠自己的努力，就能打破从承做到承揽的天花板。我想，等各位的专业水平和工作能力变得越来越强，自然就会更理解这里所说的话。

初转承揽：如何上路

明白了如何打破天花板之后，我们要如何转型做承揽业务呢？在这里，咱们先来了解一下国内投行业务的主要特点。在整个大的金融行业里面，投行的业务主要有两个特点。

第一个特点，项目单笔融资规模大，一般融资额至少是亿元起步。这里所说的投行，不仅包括券商投行里的股权业务和债权业务，也包括银行、信托等其他金融机构从事的投行业务，金融行业里很少有其他业务的单笔融资规模能比得上投行业务。很多业外的朋友可能感受不到，包括很多正在从事投行业务的朋友，虽然整天做着几亿元或几十亿元的项目，但可能都感受不到自己所在行业的这个特点。

感受不到这个特点的朋友，可以去问问那些在银行分支行里做对公业务，或者在金融租赁公司里做融资租赁业务的人，了解一下他们单个项目的一般融资额是多少，你会发现他们单笔融资规模可能只有几千万元，甚至几百万元。这样对比着看，你们就能真正感受到，投行单笔融资规模大的特点了。

至于第二个特点，那就是在一个项目中，投行要协调的方方面面特别多。比如一个IPO项目，就需要很久才能完成。为什么IPO这类股权项目，在时间周期上会比较长呢？这是因为对于这类投行业务，仅财务规范和股权改制这两大方面，与地方相关部门进行协调，以及解决协调中出现的各种来回扯皮的事，就能耗费很长时间，更别说在监管审核方面的不确定性了，更是相关中介没办法提前预估的。

当然，我们这里说的IPO项目，并不包括特殊的独角兽业务。也许有的朋友会问，投行里债券业务的项目周期短，是不是需要协调的方面就不多呢？能提出这种问题的朋友，可能对国内的债券市场还是不够了解。最起码你们肯定不清楚，在国内的债券市场里踊跃的发行人都有哪些。

国内的债券市场，从一开始到现在，最主要的发行人一直都是国企、央企和地方政府融资平台。而民企性质的发行人相对来说比较少，只是在2015年公司债改革之后，更多民企性质的房地产公司开始在国内债券市场上大量融资，民企的发行量才迎来一次小规模爆发。但即便凭借那次爆发，当年民企的融资额仍然比不过国企。

而在债券项目的实际操作中，国企，特别是地方政府融资平台需要协调的地方还真不一定就会比股权类业务少。但在债券业务上，需要大量协调的情况一般只会有三种。

第一种情况是发行人第一次做债券业务。对于这种情况，入行比较早的朋友在做企业债项目时，感触都会特别深刻。因为只有真正做过的人才知道，投行从业人员在面对一个干干净净、一穷二白的城投公司时，要做多少工作，要与当地的政府部门沟通多少次，要协调出具多少文件，才能促成一个企业债项目的落地。

当年，那些很早就成功发行企业债的城投公司，如今的主营业务、财务数据，包括评级，都是非常稳定的。所以最近几年入行的同行们，可能在做城投债业务的时候，已经感受不到第一种情况，你们只需要更新财务数据，基本上就能搞定企业债的发行了。但并不是说未来也遇不到其他需要耗费时间的情况。比如现在你们经常会遇到的，主要就是下面要说的第二种和第三种情况。

第二种情况，主要发生在承做之前承揽业务的阶段。同样以企业债为例，地方政府一家城投公司的企业债项目究竟有多难做，可能很多非投行从业者，包括很多虽然从事投行工作，但只做股权业务的同行是根本想象不到的。简单地说，地方城投公司要发行企业债，一般都要当地政府常务会议通过后才能启动。所以要去营销城投公司，难度要比营销企业大得多。

第三种情况，也是最近几年频繁发生的一种情况。那就是当监管机构出台了一项新的政策，或者监管机构开始事后核查的时候，发行人要及时对以往的业务和数据做一些调整，及时对申报或者底稿材料做一些补充。而这些工作，很多都需要当地各政府部门的配合，但现在地方上的相关单位，可能很多领导都已经换过几轮了，他们对之前项目的发行情况并不了解，所以就需要投行从业人员帮助发行人协调这些事情，这不仅非常耗费时间，也特别折腾人。

综上所述，由于投行业务项目规模大，需要协调的关系多，就决定了投行的业务承揽也是有自己特点的。这个特点就是很难通过几次拜访，或者中间人的介绍，轻轻松松就建立起投行业务关系。

大家理解了投行业务的特点，本应该更容易理解投行承揽工作的特点。但这个承揽的特点，现实中却是很多刚开始向承揽方向转型的承做朋友，包括那些从其他金融机构跳槽来券商投行做承揽的朋友，所不愿意去理解的。这些朋友，刚开始总想通过广撒网的方式建立业务联系，或者继续用行业之前的一些打法去做营销推广。只有等碰过几次壁之后，他们才会发现，在投行业原来那些打法都是行不通的。因为他们通过原有的方法拉来的业务大概率都是无法落地的。

另外，就像前文所说的，在投行这个行业里，只靠着自己的深厚关系或者资源去承揽业务,并不是一条长久之路。毕竟大部分的从业者都是普通背景,即便具有资源优势,也不可能全部供你使用。而且既然我们选择进入投行,也都是希望靠着自己的专业能力取得职业上的成功。

综合上述原因,要想在投行这个行业里走得长远,使专业能力有所体现,那么在做承揽业务的初始,就要做到既靠别人,又靠自己。

第一步:既靠别人

首先,这个"别人"指的是我们在从承做向承揽转型的阶段所接触到的最合适的客源,也就是那些我们在承做阶段服务过的客户,以及合作过的其他中介机构。在最初接触承揽业务时,我们一定要通过他们开始自己的原始积累。

由点到面

假如在营销投行业务的过程中,把服务过的客户比作当地的一个个圆点,把我们的专业、技术,包括人品,当作属于我们自己的一种颜色,那么我们首先要做的是把这些圆点都涂成自己的颜色,然后在日后的交往过程中,再逐渐把这些圆点涂得越来越大,大到能够影响周围的其他圆点,甚至吞并其他圆点,最终让这一整块区域都变成我们的颜色。这种打法,就是想要介绍给大家的第一个承揽思路，我把它总结为"由点到面"。

不知道大家能否理解这种比喻，如果不能理解，那么我再具体解释一下"由点到面"的实际打法。就是说，要从承做岗位的老客户出发，继续跟进他们的后续服务。在跟对方已经熟识的基础上，加深双方之间的关系，并通过提供给这些客户的优质服务打造自己的专业口碑。最理想的效果就是，客户在与你合作之后能够主动为你在当地进行宣传。

这种"由点到面"的方式，其实是由承揽的特点决定的。因为投行项目是很难通过几次简单拜访，或者中间人的普通介绍，就建立起业务关系的。所以我们一定要集中时间和精力，去经营性价比最高的客户资源，争取在建立长期客户关系的基础上，不断形成可重复的业务机会。比如为你提供国内IPO业务机会的老客户，在成功上市之后就还会有再融资、定增、债券发行等各种投行业务机会，但每个客户也只能在国内上一次市，所以与老客户建立好长期稳定的客户关系，要比不断寻找新的IPO业务花费的成本更低。

而这种方式，也是有对应的经济学原理可以解释的。因为任何一个可以不断提供业务机会的客户，其所带来的边际成本都会随着时间的推移变得越来越小。也就是说，同样的时间和精力花在老客户身上，比花在新客户身上得到的回报会更多。

牵线结网

除了直接面对客户的这种"由点到面"的打法，对于那些合作过的其他中介机构，还有另一种打法。比如会计师事务所、律师事务所、评级公司等，如果把它们比作一条条线，同样，你也可以把自己的专业、技术，包括人品，都当作自己的颜色，首先把这一条条线都涂成自己的颜色，在日后的交往过程中，以自己为支点，用你涂色的所有线条编织一个业务共享网络。这种打法，是给大家介绍的第二个开展承揽工作的思路，可以把它称为"牵线结网"。

要想执行这个思路，需要从这些中介机构出发，在业务上跟它们保持经常性的沟通和联系。然后在交流的过程中，建立起一种互助式的营销合作模式。特别是那些之前就成功合作过的机构，不仅要与它们保持长期的合作关系，还要学会去帮助其他机构与之建立合作关系。我们的最终目的是要把每个机构的单条线串联成一个交互式的营销网络，实现共赢。就像前文所举的例子，当牛星河被安排撰写一份新业务的项目建议书时，他遇到了一些业务上的疑惑需要解答，就想办法请教合作过的中介机构，那么这种在投行实务中经常发生的情况，便是投行从业人员与其他中介机构进行业务沟通联系的契机之一，在这里是牛星河向其他中介机构请教，那么未来该业务若能顺利被投行承揽落地，业务中需要其他中介机构参与的工作，比如审计、法律事务等，投行便可以推荐给之前请教过的中介机构。同样，当这家中介机构未来遇到投行业务机会时，也会推荐给牛星河所在的券商，这种相互之间的合作共赢方式，正是"牵线结网"在现实中的体现。

总之，"由点到面"和"牵线结网"是我推崇的两种承揽打法，稳定且高效，也是我在实践中至今都在用的打法。不过，我所说的这两种只是总结出来供大家选择的两条路，最终能不能走通，能不能走好，还是要看各位在实践中的表现。

第二步：又靠自己

就像前文所说的，承揽是一个既靠别人，又靠自己的工作。而你们能靠的这个"自己"，主要分为两方面的内容：第一是自己的技术，第二是自己的人品。

靠自己的技术

首先，这里的"技术"有两个含义。第一个含义，指的是投行业务的专业技术，这一点在前文已经说过很多，这里就不再重复。在此更想跟大家聊的，是技术的第二个含义，也就是客户营销方面的技术。

这里要向大家推荐一本书——罗伯特·西奥迪尼所写的《影响力》。这是一本畅销书，应该有不少朋友看过。但不知道看过此书的各位，能否把书里的内容跟投行的业务承揽联系起来。我看过此书之后，就会经常根据书里提出的有关影响力的六大原则，去思考投行承揽时遇到的种种问题。反复思考之后，我也对这六大原则有了一些新的认识。而这些新的认识，我想将其作为投行承揽的职场建议，分享给大家。

第一，互惠原则，指的是在人际交往中，主动给予对方一些好处，往往会收到意外的惊喜。

在了解对方真实需求的前提下，先用合适的方式表现付出。投行客户大多都对资本市场有所了解，很多个人也会对资本市场的投资感兴趣，比如炒股。券商除了投行之外，还有更多针对经纪业务提供的服务，比如投资顾问、定期研报、不定期的策略会等，所以对资本市场投资感兴趣的客户，就可以主动为其提供这些专业服务，就像当自家公司研究所举办策略会的时候，主动邀请客户来参会，这种不涉及物质利益的付出，既表现出了自己的诚意，也不会太唐突而让对方无法接受，通过互动也拉近了双方的关系。

第二，承诺一致原则，指一旦做出某种承诺后，来自内心和外部的立场，就容易迫使我们采取相同的措施。

在投行的承揽实务中，用到这个原则的机会比互惠原则更多，比如有些同行在承揽业务的时候，喜欢私下里向客户营销，最终造成不少当面同意、背后反对的情况发生，这就是因为私下场合只能用到"承诺一致"原则里的"内心立场"，所以，当我们了解到客户对你所推荐的业务感兴趣时，一定尽量让对方在公开的场合给出支持态度，扩大"外部立场"给他的压力。在双方都派出大量人员参加拜访活动时,为什么很多投行都喜欢与客户签订战略合作协议并广加宣传呢?大家都明白战略合作协议比较空泛,并不会确定实质性的合作,其实正是运用了承诺一致原则。

第三,社会认同原则,指我们大多数人在进行理性判断的时候,通常是参照别人的选择来决定自己的选择,这也是从众心理的表现。

为什么大部分投行都很看重自己在行业里的排名?为什么说投行的业绩排名与薪酬待遇并不是正相关的?这是因为投行争业绩排名主要是为了利用"社会认同"。就像投行推介业务时都会用到的项目建议书,每家投行的项目建议书模板都会不同,但也都会有相同的内容模块——自家投行在推介业务上的业绩展示,排名越靠前,越能证明市场中有更多的客户选择了自己,被推介的客户在进行判断的时候,常常也会参照大部分人的选择来决定自己的选择。此外,个人从业者在向客户进行业务推介的时候也可以利用这一点,比如你可以向客户重点介绍,在他经常接触的圈子里,已经有人选择了你们公司的服务,并且对你们的服务很认可,让客户明确知道,他熟悉的人已经选择了你,从而在此基础上做出选择。

第四,喜好原则,指人们总是愿意答应自己认识或者喜爱的人所提出的要求。其中的"认识",跟我之前向大家建议的"由点到面"的承揽打法,在本质上利用的是同一个道理。至于其中的"喜爱",《影响力》这本书中介绍了几个让对方喜爱你的技巧,比如赞美、相似性、关联性、熟悉感与合作等。比较来看，我个人更推荐在投行实务中运用最后一个技巧：熟悉感与合作。其中，熟悉感指的是对某种事物的熟悉，会让人产生喜爱之情；而一起合作的氛围，可以让人与人产生共同的目标，从而也容易产生互利的意愿。这两个技巧同样也对应了我之前提到的"由点到面"和"牵线结网"的打法。

第五，权威原则，指人们通常都会觉得自己有责任或义务，去接受来自权威者的要求。《影响力》一书中介绍了最典型的几个权威特征，比如头衔、衣着、外部标志等。

说到"头衔"，还记得本书前文讲述的投行职级中的VP，因为在国内被翻译成"副总裁"而闹的笑话吗？阅历丰富的国企领导在不熟悉资本市场的情况下，都会被"副总裁"这个头衔的权威所影响，大家就能看到权威原则在投行实务中的效果了。国内券商的投行头衔，像副总裁、业务总监、主任、执行董事等，正是承揽业务中经常会使用到的权威特征。说得更宽泛一些，这个头衔不只包含名片上所印的职位，还包括在业内业外取得的荣誉称号，以及在专业技术方面所获得的证书加持，就像有些同行会特意在名片上表明自己的博士、高级经济师等身份，或表明自己拥有特许金融分析师证、注册会计师证等，这也是在现实中对"权威原则"的运用。

第六，短缺原则，指某种东西越稀缺，人们就会越觉得它有价值。很多同行，特别是这几年，在向客户推荐某项业务的时候,总会说一句:"一定要尽快做决定,否则赶不上窗口期,这个融资产品可能就被停掉了。"一方面,国内资本市场的监管指导政策频繁变动,确实会导致业务能开展的窗口期很短。就像2015年改革的公司债产品,当年很多城投类和房地产类企业都可以申请发行,相关政策也鼓励支持,没想到几年后政策就变为限制城投类和房地产类企业申请公司债融资,不少犹豫不决的企业错过了这个窗口期。另一方面,这句话也是短缺原则在投行实务中的具体运用,窗口期确实很重要,但大多数同行说这类话,更多是为了影响客户做出有利于自己的决定。

给大家讲一个真实的投行部门领导拜访客户的片段,各位能从中更直观地看到以上六个原则是如何具体运用的。

某投行部门的员工在与客户初步接触后,认为该客户有意开展某项投行业务,便将情况汇报给了部门领导,部门领导听完汇报后,认为该客户开发潜力巨大,决定亲自拜访。首先,他让员工尽快约客户的时间,并表明自己作为某券商的投行业务负责人(权威原则),届时会亲自带着审计、律师等重要中介机构的人员集体拜访。在确定具体的拜访时间后,该投行部门领导联系了客户所在地比较熟悉的金融办领导,拜托该领导向客户推荐自己,并能在拜访当天也前往客户处(喜好原则)。拜访那天,该投行部门领导向客户详细介绍了自家公司在行业里的排名,以及在客户所在地的地区排名,并重点介绍了在当地与客户处在同一行业的几家大公司,都选择自己作为承销商(社会认同原则)。

当客户询问某投行业务最近的监管态度时，该投行部门领导表示，最近刚被监管机构邀请参加这项业务的内部讨论会（权威原则），有一些利好政策可能近期会实施，希望该客户能尽快启动，以免错过窗口期（短缺原则）。之后又介绍一同前来的审计、律师，都是业内领域的专家，如果也能同自己一起参与该客户的业务，会事半功倍（喜好原则）。在这次拜访谈得差不多的时候，当地金融办的领导也赶了过来，向客户介绍了该投行对当地资本市场发展的支持，并向其大力推荐该投行（喜好原则）。客户当着金融办领导的面，表达了会尽快开会讨论聘用该投行服务的意愿（承诺一致原则）。该投行领导建议先尽快签署一份战略合作协议（承诺一致原则），并表示可以邀请公司总裁出席（权威原则），金融办领导也表示如果投行总裁届时会到现场，那么自己也会邀请当地政府领导出席（权威原则），客户随即表示争取下周就召开战略合作协议的签约仪式（承诺一致原则）。拜访结束后，客户招待几方一起用餐，在饭间闲聊中，投行部门领导得知客户平时很喜欢炒股，便邀请客户参加下个月公司召开的年度策略会（互惠原则），客户很高兴，又让投行领导给自己推荐了几个投资顾问（互惠原则）。

总之，《影响力》这本书提出的六大原则，是我们在维护客户关系并拓展承揽业务的时候，可以多学习思考的营销技术。但有关技术方面的内容，只是作为承揽之"术"的建议。我们要靠的是"自己的人品"，这是最重要的"道"。

靠自己的人品

就像前文已经多次强调过的，业内很多朋友也都知道的一个事实：投行的圈子特别小，每个人的业务水平和道德高低，只要一打听就全知道了。很多同行可能是你的同事、前同事，未来也很有可能再次成为你的同事，包括你接触到的其他中介机构、你的客户，他们也都在投行的这个小圈子里活跃着。我们在行业里的一言一行，你或许觉得初次接触的客户不会清楚，但我们要知道，如今国内券商间的投行业务竞争是非常激烈的，你接触的客户很可能早已经接触过其他券商的同行，或者很快就能接触到也想营销同一个业务的其他券商。那么，你所在的券商曾有过的负面消息，包括你在行业里的表现，特别是那些会影响客户判断的不好的表现，都会被竞争对手传给客户，这就是从业人员在承揽业务时经常遇到的现实情况。所以，大家要真想在投行这个行业里靠自己打出一片天地，那么在承揽这个岗位上，就一定要比以前更加爱惜自己的羽毛。大家在年轻时犯了错，还能用自己经验不足作为借口。但如果到了承揽这个阶段，犯了错还用经验不足当借口，那么你在圈子里的口碑会变得很差。

领导力：如何搭建自己的团队

投行和所有行业一样，都是熟能生巧的职业，随着大家的承揽经验越来越丰富，之后的路也会越走越顺畅。但旧的问题会解决，新的问题也会随着承揽能力的提高、项目数量的增多而出现得更多。其中一个最主要的问题就是，在刚转型承揽的时候，一个人还是可以兼顾承做的，但随着后期业务逐渐增加，大家就会发现，一个人的能力再强，精力终究是有限的，需要借助其他人的力量。

一个人可以走得更快，但拥有一个团队可以走得更远。接下来我们就来聊一聊如何建立投行团队。

公司和团队哪个更重要

说到团队，无论是在业外还是业内，一直都存在着这样一个争论：团队和公司，究竟哪个更重要？我跟一群业内的朋友讨论过这个话题，但讨论来讨论去，谁也说服不了谁。在大券商工作的同行，普遍会认为团队比公司更重要，而在小券商工作的同行，则会认为公司比团队更重要。根据这些年对业界的观察，我认为这两种不同的观点，确实也都存在着合理性。如果你对哪一种观点有异议，暂时别急着反驳，先看看下文对这两种观点来源的说明。

首先在大券商里，很多业务的承揽，特别是大型项目、创新型项目的承揽，更多都是依靠公司自身的平台和渠道，比如分公司、营业部，包括集团内的子公司、孙公司，项目源倒是比较稳定，但一单业务收入中的大部分通常会被分配给领导和渠道方，真正留给项目执行人员的只有很少的一部分。所以，在大券商工作的从业人员，这种事情经历多了，往往会认为即使公司平台很大，那也没什么用，因为即使做的项目再多，最后落到自己手里的也并没有多少。

而对于小券商来说，团队或者个人在收入的分配比例上通常要比大券商好很多。比如一个项目落地，如果按比例正常分配收入，团队或者个人所获得的收入可能会比在大券商那儿多拿10%或者20%。但是在小券商这儿又会遇到两个新的问题：第一，大部分的小券商无法提供稳定的项目源支持，而个人在业务承揽上又缺乏持久性，今年的收入不错，明年很可能就颗粒无收了；第二，行业里有一部分小券商，经常会无故推翻白纸黑字制定的收入分配政策，特别是在项目收入到了公司账上后，从业人员很可能就会面临一个新的、更差的收入分配方案。

所以，很多小券商的从业人员经常会饱一顿、饥一顿，或者在项目落地前后都要忧心分红的问题。这往往就会导致大家在潜意识里认为，小公司员工没有支持和保障，即便收入分配的比例高，但有时也没什么意义。因为即便项目落地了，如果项目奖金还没发到手里，员工心里依旧会对收入分配能否落实存疑。

因此，在大券商工作的大多数员工，会认为团队比公司更重要；而在小券商工作的大多数员工，则会认为公司比团队更重要。这两种不同的观点都有各自的道理。毕竟，当人在同一个地方站得时间长了，就会觉得别人站的位置要比自己的好，而且开始厌烦自己的位置，羡慕对方的位置，甚至会想换到对方的位置上去。

虽然这两种不同的观点都有存在的合理性，但作为一名在大券商、小券商都有过从业经历的一线人员，我在这里想表达一下自己的看法。在经历过两种不同的工作环境之后，我个人认为，团队要比公司更重要。至于那些跟我持相反意见，认为公司比团队更重要的朋友，我觉得可能还是因为经历的事情太少，或者没遇到过好的团队。

前文已经告诉过大家，团队对于一个领导者的重要性。但在行业里却有很多人，特别是一些年轻人，并没有认识到团队存在的重要性。这种情况的发生，主要是因为他们经常会把公司和团队混为一谈。这里并不是说他们分不清公司和团队的概念，而是他们经常会把自己平时得到的好处、获得的荣誉，都归为公司给予，而自己在工作中受到的委屈，又一股脑推到团队头上，这其实反应的是现实中人性的问题，提醒大家要多注意。

无论现在各位在投行里是什么职级，项目经理也好，业务董事也好，包括董事总经理也好，如果想要找一个可供自己长期稳定发展的平台，却仍然只是奔着公司的名头去，那结果很可能并不会像大家想象的那么好。等到大家在这行待久了，特别是做了一段时间团队负责人之后，你们自然会发现，公司所能给的都是一些空洞的支持。实务上的很多事情，无论来自内部还是外部，最终都离不开自己团队的支持。

因此，无论你的职级多高，除了要有支持你、信任你的领导之外，还要有一群忠于你、能够协助你工作的下属。否则，只凭自己单打独斗，不要说外部的业务操心不过来，光是内部无关的琐事，就能把你的时间和精力消耗殆尽。所以，当大家到了承揽这个级别，除了要考虑自身业务发展之外，最重要的是要尽快建立起一个靠谱的业务团队。

如何搭建团队：招聘、培养和考察

那么，我们究竟应该如何搭建自己的团队呢？针对这个问题，下面要从最基础的地方开始，分步骤聊一聊我的建议，供大家参考。简单地说，一个团队要建立并稳定运行，至少要经过三个阶段：招聘、培养和考察。

招聘：校招和社招的优劣势

首先是招聘。说到招聘，行业内其实也就两个途径：一是校园招聘，二是社会招聘。这两个方向，各有自己的优劣势。

校招的优势，就是招进来的员工基本上都是"一张白纸"。即便是那些有过长期投行实习经历的校招生，在行业阅历上也仍然是"一张白纸"。这样的团队成员，只要你真心待他们，他们对团队忠诚的概率，会比社招的人大很多。

当然，校招的劣势也很明显，就是这些员工在入职后的很长一段时间内，在业务承做和承揽上可能很难会有突出的贡献，甚至是不仅没有什么贡献，还会额外耗费团队其他同事的时间和精力。这需要有人在工作上，手把手地教导和指引他们，他们未来的成长在很大程度上依靠团队的培养。也只有团队愿意花费时间和精力，愿意去用心培养他们，才有可能教导出未来的业务骨干。

至于社招的优势，也很明显。社招进来的员工，往往都已经有了一定的工作经验，有可能已经是承做的熟手，来了就能直接参与项目，甚至带队负责某个项目，也有可能有着投行业务资源或者渠道，是自带"流量"来做投行承揽的，因此社会招聘就是一个可以在短时间内提升团队实力的重要方式。很多中小型券商想在短时间内冲业绩排名，也会出高价招聘细分市场领域顶尖的那批人才，比如投行里的并购、债券、ABS 等，基本都是这样。投行之外的研究所、正在寻求扩张的券商，大概率也会去招聘那些评上过"新财富分析师"的团队。

而社招的明显劣势主要就体现在，社招很可能会给一个团队带来融合度和信任度方面的问题。比如通过社招进来的新成员，团队负责人一定会对他们有业绩期望，既要给他们压力，又要给他们动力。如果压力给不到位，可能新成员就不出业绩，老成员还会有意见；如果动力给不到位，可能新成员不仅不出业绩，还会对老员工有意见。因此，对于社招成员，团队负责人要特别注意平衡好，遵守适度原则。

虽然说校招和社招有各自的优劣势，但我个人建议，在团队建立初期，还是应该以校招为主，社招为辅。如果以我的经历为例子，可能看起来会走向一端，因为在我刚建立团队的时候，是将团队的所有招聘名额，全部留给了那一年毕业的应届生。

我之所以会做出这样的选择，主要是为了自己的团队能够发展得更稳定和更长远。当然，我也为这种方式付出了相应的代价。比如在团队建立初期，不仅承接和储备的项目不多，业务的收入也上不去。虽然说收入养活团队没问题，但跟公司的其他团队相比，在收入方面确实还是有着不小的差距，这就导致前期作为团队负责人的我业绩压力特别大。但校招的好处，在短暂疼痛后就逐渐凸显出来了。

怎么凸显的呢？有很多在团队建立前期主要依靠社招进来的成员，业绩冲得猛。比如，有的是团队负责人本身的承揽能力就很强，不愁没有项目做，但是缺少做项目的人，所以就通过社招招一群有承做经验的人。结果，因为团队内的各种摩擦，在短短两三年内，承做人员就流失了不少，甚至有的还撬走了团队原有的客户和项目。有的是团队负责人本身的承做技术不错，承揽能力也还可以，但想要团队业绩能更快速地增长，所以就招了几个资源丰富的专职承揽。结果，招来的很多都是忽悠型"人才"，甚至自己承揽项目挣到的钱，都要拿去填补这些人白白耗费掉的营销成本。以上这些都来自业内同行的真实经历，通过这种比较，以校招为主的团队，就显得比较稳定且靠谱了。

培养：具备同理心

把员工招进来只是第一步，要想做好团队的建设，更重要的是后期培养和考察这两个步骤。

虽然在组建团队初期，校招给我个人带来了很大压力，但也为团队后来能稳定高效地发展，打下了一个良好基础。这个基础是如何打下来的呢？简单地说，是累出来的。

我至今都清楚地记得，在团队刚建立的前几年，我是真的很累。因为作为团队负责人，不仅要关注业务的发展方向，盯具体的项目进度，还要关心团队成员的成长。虽然有的时候可以同时操作，但大多时候，一个人只能重点考虑某一方面的问题，至于其他方面就会有点顾及不上。当这种时刻来临时，我会选择去重点关注对团队成员的培养。可以说，在整个团队建立的过程中，我在培养团队成员这方面花费的时间和精力是最多的。

那么，我的时间和精力具体花到哪里了？首先，我几乎做到了在业务的每一个环节，都手把手地教新员工。在专业技术上，一个项目从进场到结束的整个流程，在他们第一次参与时，我肯定会全程进行指导。小到每一份申报材料怎么写，大到与各个机构如何沟通协调，如何读懂监管机构的每一次反馈，以及如何对反馈进行回复等，我都会手把手地教给他们。

其次，在行为准则方面，我也会对他们进行指导，小到教他们如何分辨同事、同业以及客户的靠谱程度，帮助他们分析未来的职业发展路径，大到与他们交流自己对行业未来发展的看法等。应该说，在我眼里，在那个时期，不是简单地把他们当作团队成员，而是将他们视作未来可以并肩作战的伙伴去培养。

其实，行业中像我这样对待团队成员的并不在少数。我想，我们之所以这样对待同事，更多是因为我们都有同理心。虽然到了我们这个职级，对专业已经很娴熟，但在我们刚入行时，大多也是对专业一无所知的年轻人。我至今都清晰地记得，当时年轻的我们最缺的是一位职场上的领路人。因为我们那个时候大多是靠自己一步步摸索着过来的，这让我们确实走了不少弯路，错失了重要的机会。而这些弯路，如果有人曾经愿意指导我们，很多都是可以避开的。所以，在那个时候，如果有人愿意做我们职场上的领路人，为我们的职业技术和职场成长提供指导，也许我们可以比现在更出色，而能得到指导的我们，也会心甘情愿跟随领导一起成长。

现实中的情况也是如此。比如我在指导团队成员的时候，看着他们一点点成长起来，就好像看到了过去的自己，无形中也更愿意去主动指导他们。最终，我对他们尽到了导师的职责，他们中的大多数人自然也会对团队尽职尽责。所以，在培养团队成员的过程中，作为团队负责人一定要有同理心。多想想年轻时的自己最需要什么，自然就会明白这些团队成员最需要你给予哪些指导和帮助。我想，也只有具备同理心的团队负责人，才能真正培养出具备同理心的团队成员。

考察：信任度前置

说到培养和考察这两个阶段，有个小细节，不知道大家注意到没有，我把培养放到了考察的前面。而在现实中，很多人是把考察放到培养前面的。这跟团队负责人的性格，及其为人处事的态度相关。我之所以会把培养放到考察的后面，主要是因为我对人的信任，是在共事之前建立起来的，即"信任度前置"。

信任度前置的意思是，我抱着信任的态度去对待别人，之后如果他有哪件事做得不到位，那么我对他的信任度就会下降，经历过多次让人失望的事情之后，我对他的信任度就会变为0，之后不会再有交集。从这个角度来看，那些把考察放到培养前面的同行，可能在与人交往的信任度打开方向上正好相反。他们在最初与人接触的时候信任度低，在不断考察对方的过程中，信任度才有机会逐渐提高。

至于为什么选择将信任度前置，是因为我觉得大家在社会里都摸爬滚打了那么多年，各自对人性也都有着基本的了解，所以在人与人的交往上，双方能否合得来，是一件可遇不可求的事情。

因此，我在考察一个人的时候，更愿意真诚地与他聊一聊关于职业、职场，甚至人生的看法，去了解对方的三观。基于这种信任度前置的做法，在很多时候，我也会主动将自己的三观真实地呈现给他们，让他们自己去把握双方是否三观相投，从而将去留的选择权交给他们。

政策：唯一不变的是人心

在投行职业生涯中，还有一个需要经常思考的问题，那就是投行从业人员应该如何理解和应对政策的变化。

政策频变

如果大家了解国内投行发展的历史，或者看过我在"大力如山"公众号上所写的《投行的日与夜》这篇文章，会发现针对国内投行所出台的监管或者指导政策，有一个非常明显的特征——"政策频变"。

其实，这四个字不单单是国内投行领域的特点，整个资本市场的发展，基本上也都受到这个特点的影响。国内的资本市场还很年轻，起步也比较晚，所以很多时候，我们都是在摸着石头过河。

就因为我们从业人员要时时面对"政策频变"，有时我们对业务发展所做的规划，与未来的真实情况偏离度会非常大，甚至是相反的。有的时候，我们辛辛苦苦布局了大半年的市场，最终抵不上一纸临时文件。

但很多从业人员在布局业务时，依靠的并不是自己的思考，就像在行业内经常会召开研讨会、论坛、培训讲座等，相信不少同行都参加过。我也参加过不少，几乎每个月都要参加一两场。

在参会的时候，能听到行业专家和领导者一些前瞻性的发言。

参加这些会议，确实是一个了解行业发展趋势的途径。但是，现在回过头来再去看，我们从这些专家口中所了解到的前瞻性信息，不仅不一定准确，而且在那些少量的靠谱信息中，最终能完全落地的更是少之又少。

在资本市场混业这么多年，我观察到一个现象，那就是凡是已经在公开场合公布的信息，根据这个再去布局，基本已经晚了。即便之前在这块新业务上已经有一定的客户基础，竞争肯定也会比以往更激烈。所以，在对未来的业务方向做发展规划时，不建议大家过多地听取所谓专家的建议。

比如当年公司债新规公布的时候，很多从业人员其实早已了解到这个方向，并提前进行布局，即便不了解消息的同行，在接触客户的时候，也会听客户提起。再比如这两年很火的海外债业务，当有公开专题会议开始召开，市场上开始热炒，财经新闻大肆宣传这个消息的时候，那些已经提前布局海外债业务的从业人员其实早就先行了。而听到会议讨论、看到热炒信息之后才进场的同行，不仅要面临更激烈的竞争，就算抢到了此类业务，也会发现不仅发行审批开始放缓，市场上的投资者也逐渐对海外债产品不感兴趣。

这样的例子还有很多，我认为在充满变动的市场环境中做业务规划时，业界专家的声音仅可以作为参考，真正能依靠的，还是一套自己的方法论。

应对方法：以快打快，全面布局

用什么方法去应对"政策频变"呢？说起来其实很简单，用两个字就可以概括：一个是"快"，另一个是"全"。

"快"：以快打快

如果把业务政策比作格斗对手，政策频变就意味着对方出招很快，那么大家觉得在这种情况下，我们如何才能占据主动呢？

具体来说，对一个业务上的产品，在刚开始研究的时候，我们就要快，要尽快了解这个产品的对标客户有哪些，为什么对标客户会选择这个产品，以及对客户来说，这个产品的优劣势都有哪些。然后，再根据上面这些问题的答案，考虑自身进入市场的可能性有多大，并且尽快做出是否要进入这个市场的决定。如果要进入市场，还要尽快开始布局。

有很多同行前面几个步骤做得都不错，对新业务的想法也很多，做的研究也透彻，但就是到了最后去布局的时候，步伐开始放缓。如果本书的读者平时在执行方面也有这个坏习惯，建议你们要尽快改正。因为政策频变的资本市场是不等人的，你的竞争对手也不会等你。所以，我们在业务布局方面一旦想好了，就一定要尽快落地。

当然，即使我们前期研究准备得很充分，也花了很大的力气去布局执行，现实中往往会有不如意的时候，特别是在投行这个行业，有时候你真的已经很努力了，但就是会出现各种各样的问题，导致你预想的好的结果没有出现。所以，我们在布局的过程中，如果遇到了客观上的阻碍，导致业务迟迟无法推进，还要学会尽快从这个业务中抽离。毕竟，我们都清楚投行的时间成本是很高的。

我们以公司债新规启动后的市场变化为例。2015年1月，证监会发布《公司债券发行与交易管理办法》，允许非上市企业发行公司债，史称"公司债新规"。其实在新规正式发布之前，已经有不少从业人员根据相关信息提前预判了新规的出现，并对那些非上市企业客户，特别是债券融资需求旺盛，之前仅能靠企业债发行融资的城投类企业进行了业务布局。2015年，全年发行公司债940期，总融资额12615.49亿元，同比分别增长80.77%和362.01%。2016年，"井喷"的公司债发行量，特别是大量城投类企业的公司债发行量，让监管有意识收紧对该类企业的审核，先是对券商进行了"双五十"的口头指导——"最近三年（非公开发行的为最近两年）来自所属地方政府的现金流入与发行人经营活动现金流入，占比平均超过50%，最近三年（非公开发行的为最近两年）来自所属地方政府的收入与营业收入，占比平均超过50%"，两个指标二选一。很快，监管发现通过"包装"，很多城投类企业都可以满足"双五十"中的现金流指标，便将这个口头指导变为更严格的"单五十"："报告期内，发行人来自所属地方政府的收入占比不得超过50%，取消现金流占比指标。"所以，如果是在 2016 年入场公司债的同行，遇到的可能就是一个正在逐渐关闭的窗口期。但大家也能够清晰地看到，在该业务发展后期，整个公司债市场开始疲软之前，其实在审核口风上，在投资者的反应上，就已经提前出现了很多不好的迹象。只不过有些业内同行，明明已经察觉到了这些迹象，明明知道未来市场肯定会走低，却仍是舍不得前期下的功夫，或者是对未来的市场抱有一丝侥幸的心理，不愿对做不出来的项目撒手。结果等市场真的不好了，再转型也就来不及了。所以，大家一定要记得多提醒自己，当断不断，一定会反受其乱。

"全"：全面布局

具体来说，"全"就是要更全面地开拓业务，去开拓对你有益的，任何一个投行牌照下的业务。就我自身的感受而言，要想在投行这个行业里有所建树，纵向发展是基础，它决定了你的厚度，越深入，你在行业里的根基才能扎得越深，你也就越难被替代。而横向的发展是纵向发展的进阶，它能决定你未来所达到的高度，能决定你在这个行业中最终的发展。这种全方位的业务开拓模式，会倒逼着你横向发展。

其实，这个"全"字所代表的打法，不仅投行部门或者团队会用，包括行业里很多券商，甚至其他行业里的公司，它们在宏观层面规划自己公司发展的时候，也都会采用全面性、综合性的业务布局思路。而与之相对应的另一种业务布局思路，就是一直深耕一个行业，做深做细。为此，我专门研究过这两种不同的打法，最后综合考虑下来，我认为在目前的国内资本市场上，"全"字所代表的打法是最合适的。包括国内券商行业在现实中的发展就是这样，大多数券商都选择了第一种全面性、综合性的业务布局思路，同时会布局主要面向个人的经纪业务和主要面向机构的投行业务两大类，而选择第二种做深、做细思路的券商则几乎没有。中金公司刚成立初期选择的主要是发展机构业务，投行业务被其作为发展的主要抓手，只是后来中金公司的业务布局思路也转为全面性、综合性，比如2016年拥有屈指可数的营业部的中金公司合并了大中型券商中投证券，中投证券后来成为中金的子公司，并改名为中金财富证券。

而要用好做深做细的打法，首先必须要有两个先决条件。第一，要熬得住，不是在物质上，而是在精神上。这行很现实，没业务可做的话，你就不会有太好的收入。但最难熬的还是在精神上，特别是看到行业里与你同一批次入职的同龄人，在其他业务上做得风生水起的时候，你的精神压力会非常大的。

第二，一定要有一个愿意支持你熬下去的公司。说得直白一点，就是要有一个能支持你的领导。因为在投行这个现实的行业里，好的领导也许愿意支持你一年半载，但能连续支持你两三年，并且始终如一的领导还是非常难遇到的。

过去与未来的交汇

当我们了解了一个行业的基本知识，或者说进入某个行业之后，要想更好地适应这个行业，你会发现，单纯从微观角度观察已经不够了。所以，最后重点和大家聊一聊两个大的主题，一个是投行的历史发展轨迹，另一个是投行的未来发展趋势。

历史的警钟

我曾经在"大力如山"公众号上陆续发表关于行业历史的文章，如果你已经读过，也许会对国内投行的历史发展脉络有一个大概的认识。没读过也没关系，本书附录便是在这篇文章的基础上，对投行发展历程所做的最新梳理。简单地说，国内的投行业务最早掌握在银行业手里，随着证监会成立，才逐步移交到券商行业手中。针对投行的发展历史，我将在附录部分重点展开，这里先谈一谈投行业务发展至今有哪些教训值得我们吸取。

我一直认为，每个行业都有负面的东西，但有负面并不完全是坏事。因为只要这个行业出现问题，就会紧接着迎来一次纠正，而纠正后大概率都能向好，投行也是这样。

比如投行领域内的债券市场，这几年债市打黑，第一批就是一级市场，重点清扫了丙类户，而过去在债券市场非常活跃的丙类户，如果不是因为监管开始清扫导致其曝光，我想外行是很难了解这些从业人员背后的黑幕的。包括一些年轻的从业者,可能都摸不清其中的门道。所以当行业在丙类户上出现了问题,通过债市打黑去纠正这个问题,在很大程度上也推动了国内投行领域债券市场更好地向前发展。国内投行业发展至今,在过往历史中所暴露出的一些负面问题,虽然大都源于投行业发展初期的不完善,以致政策漏洞被利用,但所有的负面问题本质上都源于人性。这些历史为我们敲响了警钟,在简单归纳后,可以分为三个大类。

第一大类,就是从业人员向发行人输送利益。输送的套路有很多,但目的只有一个,就是要拿下发行人的融资业务。这应该是投行业出现最多的一个负面现象了,无论是领导还是普通员工,都有可能去做这种违法违纪的事。比如2018年某城投公司董事长和财务总监的受贿案,就引出了某券商从业人员向该城投公司的董事长和财务总监行贿300万元,获得该城投公司20亿元的公司债业务,最终该从业人员因犯行贿罪,被判处有期徒刑5年,并处罚金48万元。这种案例有很多,而且几乎存在于服务资本市场的所有行业,除投行外,还包括会计师事务所、律师事务所、评级公司、担保公司等其他行业。

第二大类,就是从业人员向监管审核人员输送利益。输送套路仍然有很多,但目的也只有一个,就是让自己的融资项目能顺利获取批复。比如2017年证监会的一纸《行政处罚决定书》,公开了深圳证券交易所某发审委兼职委员,以他人名义受让相关拟上市公司股权，持有并交易了相关上市公司股票。该委员为三家公司上市提供了帮助，通过亲属名义违法违规交易三家公司的股票，总计获利高达 2.48 亿元。这种在企业改制上市过程中突击入股，待股票上市后高价卖出的行为，触犯了《证券法》第四十三条关于禁止从业人员参与股票交易的规定。

这种现象的产生离不开人性方面的原因，好在国内的审核机制一直都在向更公平、更市场化的方面改进。比如有的监管机构早已委托更专业的市场化机构对投行项目进行实质性审核，还有一些监管机构会从市场中借调更有实务经验的从业人员对投行项目进行审核。

第三大类，就是从业人员向投资者输送利益。这种类型的套路也有很多，但目的还是只有一个——让自己的项目能够顺利融资，并且顺利发行。我们这个行业所称的投资者，更多是指那些机构投资者。机构投资者有哪些特殊性呢？它们购买融资产品是由决策人共同决定的，但投资所用的却是机构的资金，而不是决策人的钱。这种情况就是经济学中的委托—代理机制。其中，委托人就是资金的实际拥有者，而代理人则是投资的决策者。学过经济学的朋友应该都知道，在委托—代理机制中存在一个很大的问题，那就是委托人和代理人的利益并不完全一致。正是这个不一致，给了一部分从业人员私下运作的机会。前文提到的债市打黑直指丙类户问题，就是一个很明显的例子。2013 年"债市打黑"首案披露出来的相关从业者——某券商固定收益部交易员、某保险资产管理公司固定收益部交易员、某国有银行金融市场部高级交易员、某国有银行金融市场部债券发行处处长，四人在2007—2008年多次利用职务便利，将属于金融机构的利益输送给"丙类户"某公司后，再由个人私分，四人职务侵占数额共计8 024.46万元。最终，法院认为四人行为均构成职务侵占罪，分别判处有期徒刑六年六个月、五年六个月、五年和二年九个月，并处没收财产共850万元，违法所得依法追缴。

之所以专门把这三类情况梳理出来，就是为了告诉大家，投行这个行业并没有多么高深，大家往深里去琢磨，会发现背后都是由人性组成的。而我们要想在这个行业里得到长期稳定的发展，就一定要学会读懂人性。什么叫读懂人性？就是不仅能够识别对错，还要坚守自己的道德准则，对任何事都不要抱有侥幸心理。

在我看来，国内的资本市场以及投行这个行业，未来一定是继续向前，向更市场化的方向发展的。而在发展过程中，那些已经暴露出来的，或者还没有暴露出来的问题，那些我们已经知道的或者还不知道的问题，一定会在未来的某个时期被清扫出去。

未来是否值得期待

熟悉我的朋友会知道，我喜欢写有关投行历史的文章，这是因为梳理历史可以让我看到更清晰的现实，这样我才能领会行业的未来。而活在当下的我们，如果只懂得感受现在，而不去思考未来，那么总会比同行慢一步。

如何拥抱变化

我对这个行业的未来是有所期待的。大家都知道，国内投行这几年的发展速度一直都很快。当然，也可以理解为行业监管的加强正在推动这个市场快速发展，这使投行业务的更新频率变得非常快。但这里提到的更新快，一是指老业务结构和模式的更新，二是指新业务的推出。特别是在近两年，想必在投行工作多年的同行对此都深有感触。

因为大家会看到，现在老业务的存活期越来越短了，如果不换种方法，可能长的一两年，短的几个月之后就做不了业务了。比如投行中的债权业务，无论是债券业务还是 ABS 业务，节奏变化都非常快。也许前半年在做这个业务，下半年就必须换成另外的业务；或者上半年项目多到做不完，到了下半年却发现这些项目怎么都发不出来。从这个角度看，投行似乎已经开始走下坡路了，甚至有不少新闻报道都开始用"投行寒冬"去形容如今的行业发展情况。

但我的看法与之不同。首先，我喜欢现在这种节奏。我知道有很多从业人员会觉得现在行业的压力有点大，会经常担心手里的业务突然就不能做了，或者未来没有业务可做。我觉得这种压力才是投行这个行业与生俱来的。从行业未来的发展趋势来看，这种压力会越来越大，就像科创板的到来，"注册制"的推动，让投行从业人员无时无刻不在面临新的挑战一样。

但我们一定要理解，在任何一个行业里，有了压力，从业人员才能有所成长；有了压力，才能淘汰不合格的从业人员。

AI 会取代投行从业者吗

当然，在投行这个快速发展的行业里，未来也有一些变化是需要我们提前注意的，比如科技发展带来的变化。从几年前轰动全球的围棋人机大战开始，就有不少人来问：AI（人工智能）越来越成为趋势，未来大部分投行从业者会不会失业啊？

对于这个问题，我觉得还是要辩证地看。首先，大家不要有太大压力，毕竟整个金融市场的发展从始至终就不是靠科学技术和劳动力去盈利的，而是更像资本密集型行业。投行从业者的专业能力更多体现在解决问题和沟通协调上，而不是撰写申报材料、财务数据计算等基础事务上，这也是为什么本书几乎没有教大家如何撰写材料、如何计算财务数据等。

而且大家可以去了解一下，目前所谓金融科技公司，特别是那些声称针对投行领域服务的公司，顶多依靠对申报材料进行快速复核、高速搜索整理相关信息等去蹭金融科技的热点。它们所做的不过是提高了基础事务工作的效率，但对投行的专业性工作还是没有助益的。所以，各位不要太过于担心这个问题。

另外，我们也要看到并拥抱这种变化。虽说目前所谓金融科技类公司对行业改变的影响还很小，但它们所从事的工作确实是行业未来发展的一个方向。投行基础性事务工作确实是不看重技术含量的。未来随着技术的进步，这些基础性工作一定会被 AI 取代。2020 年，中国证券业协会《证券公司投资银行类业务工作底稿电子化管理系统建设指引》中明确指出："鼓励有条件的证券公司在同一个系统中实现投资银行项目内部报批、审签、工作底稿管理等功能，并自主探索运用大数据、人工智能等技术实现底稿信息的实时监测、自动提取、智能分析、风险预警等功能。"

这就提醒我们，在投行业，一定不要让自己陷入基础性的工作无法自拔。我们更应该去修炼自己解决问题的能力、沟通协调的能力、业务营销的能力等。只有我们真正掌握了这些专业能力，在行业迎接科技浪潮的时候，才能使科技更好地为我们服务，而不是使自己被科技所替代。

其实，有时候我们也不需要去分辨行业的历史和未来。在一个行业里待的时间长了，大家就会发现未来跟历史是相似的。就像行业里的年轻人现在所经历的迷茫和苦闷，跟我们过去所经历的差不多。大部分的普通从业者都会觉得投行这条路很辛苦，在我们刚入行的时候，在我们向前走的过程中，也经常会对未来感到迷茫，甚至怀疑自己的选择。大家未来在行业中可能遇到的事情，可能需要做出的选择，以及可能会产生的后果，大部分也都是我们经历过的，这其实也是我写作本书的原因，就是希望尽自己最大的努力，给大家提前带带路。

多体会行业的历史,大家自然就会明白未来在投行的职业道路究竟该如何走。其实我们真正需要做的很简单,就是一定要守护好自己的专业技术,同时对这个行业的未来保持乐观。行业未来的发展肯定是越来越成熟,也越来越完善,研发的产品也会越来越丰富,这就能给我们从业人员带来更多的选择机会,也会让我们的阵地变得更加坚固。

最后,以苏轼的《定风波·莫听穿林打叶声》结束我们这次投行职场进阶之旅。

> 莫听穿林打叶声,何妨吟啸且徐行。
> 竹杖芒鞋轻胜马,谁怕?
> 一蓑烟雨任平生。
> 料峭春风吹酒醒,微冷,山头斜照却相迎。
> 回首向来萧瑟处,归去,也无风雨也无晴。

其实,真实的国内投行就是这样,也无风雨也无晴。

附 录

投行的日与夜

1984—1992：国内资本市场建立初期的混业时代

1984年，中国工商银行正式成立，承担原来由中国人民银行办理的工商信贷和储蓄业务。

成立伊始的中国工商银行，虽说是在中国人民银行各地分支机构直接加挂的牌匾，彰显出自己与众不同的气质，但位于北京的中国工商银行总行，却临时租用服装厂的闲置厂房办公，这与几年前就已成立的中国农业银行、中国银行和中国建设银行比起来，实在是有点过于寒酸。

不过，中国工商银行与服装产业的上游生产者——服装厂——结下的缘分，在当年却成功地延伸到服装产业的下游行销者——主营服装销售的天桥百货身上。

天桥百货曾经在20世纪50年代开展的"比、学、赶、帮、超"社会主义劳动竞赛中获得"全国第一面商业红旗"殊荣。到了20世纪80年代，天桥百货决定改造为自主经营的股份制，在1984年为其代理股票发行的就是中国工商银行。

这次股份制改造除了使天桥百货成为中国首家股份有限公司之外，当年发行的 300 万元股票也成为中国的首只"股票"。之所以股票二字加上了双引号，是因为该纸票不但印上了"信托"二字，在背面更是注明了五年还本、每年 5.4% 的利息外加分红的描述，这让其看起来更像是一张债券。也正因如此，1986 年纽约证券交易所董事长约翰·范尔霖访华时，向邓小平赠送了纽交所证章后，获得的回赠是作为备选的"小飞乐"股票，而不是作为首选的天桥百货股票。

但当年无论送出去的是哪一只股票，都与中国工商银行相关。毕竟"天桥百货""飞乐音响"，包括第一只向社会公开发行的股票"延中实业"，都是中国工商银行上海市分行信托投资公司（以下简称工行上海信托投资公司）代理发行的。所以，如果把这些股票的发行都看作 IPO，那么在国内所有券商成立之前，已经成立的工行上海信托投资公司，可以称得上是国内投行业的"鼻祖"了。

也许有人并不认同这种说法，但在如何招揽投行项目上，当时以中国工商银行为代表的银行业，绝对算得上是未来券商业的师傅辈了。

1989 年，上海真空电子器件公司决定增发 18 万新股。这是当年上海股市筹资额最高的增发业务，上海具备股票承销资质的几家金融机构竞相争取，都想成为此次增发的主承销商。这几家机构分别是四大行在上海设立的信托投资公司，以及申银、万国和海通这三家刚成立不久的证券公司。

虽然这些机构均是上海本地的大关系户，但这些机构里最活跃的，还是刚成立的万国证券和海通证券。万国和海通为了争做主承销商，纷纷向相关主管机构申明立场："虽然真空电子的 IPO 和第一次增发的主承销商都是工行上海信托投资公司，但那是在上海还没有成立证券公司的时候，如今既然已经成立了证券公司，证券市场的业务还交给它们做，那要这些专业的证券公司做什么？"

工行上海信托投资公司表面上认可万国和海通反映的问题，私下里却没放弃找发行人聊银行贷款展期的问题。在那个年代，中国工商银行承担着所有工商企业的信贷业务，所以即便真空电子是上海市仪表局的下属企业，但贷款业务仍主要指望工行。

就这样，作为甲方的真空电子无法选定主承销商，最后就闹到了当时的监管机构中国人民银行上海分行那里。中国人民银行时任上海分行行长为此事一锤定音，选择了一个折中方案——几家金融机构联合组成承销团，至于牵头的主承销商，就交给了申银证券。

表面上看，隶属于中国人民银行上海分行的申银证券，最后一声不响地拿下了主承销商。但在此事发生后没多久，工行上海信托投资公司就把申银证券收购了。

这样来看，在混业经营的时代，国内早期的投行业务几乎都掌控在商业银行的手中。那时成立的证券公司也没多少家，随着

1988年国债转让业务在7个城市陆续获批，中国人民银行拨付资金在各省组建了33家证券公司，再加上负责国债业务的财政系统也成立了一批财政证券公司，这才共同组成了国内最早的证券公司群体，主要从事国债经纪业务，国债经纪业务为后来的债券二级市场打下了基础。

但要说起国内券商更纯粹的投行历史起点，应该从1992年中国证券监督管理委员会正式成立开始算起，因为最有代表性的券商投行业务IPO，一直到现在都是由证监会负责审批监管的。

1992—1997：混业逐渐转为分业，过渡时期的"额度管理"

1992年，除了成立中国证监会这个大事件之外，国务院还在当年批准了全国9家特大企业改制，允许它们向社会公开发行股票。其中，发行时间最早的企业是青岛啤酒，这也是国内首单申报证监会的IPO项目。

当时证监会特意提前明确，青岛啤酒的主承销商和保荐机构将不再由监管机构指定，而是由地方政府和发行企业自己选定后，再去征得监管机构的批准。相比之前在混业时期，主承销商多数由监管机构中国人民银行直接选定，这一次除了监管机构已经换为证监会之外，也新增了地方政府和发行企业这两个对主承销商有选择权的单位，而此举吸引了更多券商参与竞争。当时整个证券行业凡是有主承销资质的券商，几乎都闻风而动，仅进入首轮主承销商竞标的券商，就有 30 家之多。

最终获得了该业务的是申银证券。申银证券时任总裁阚治东在自传里回忆道："这 30 家券商托人递到青岛的条子，像雪花一样多，有走上层路线的，有走地方路线的，还有走亲情路线的。"而为了顺利承揽到此业务，当年申银证券的高管们也是兵分三路，全员出动，一路跑发行人，一路跑证监会，一路专心设计发行方案，最终才拔得头筹。

没多久，青岛啤酒 IPO 申请资质的分配，就演变成了一种固定的投行业务配额制度。1993 年 4 月 25 日，国务院颁布《股票发行与交易管理暂行条例》，标志着审批制正式确立。在审批制下，国务院证券委每年会确定一个股票总发行额度，这个总额度会分配给各个省市以及部委，由各省市和部委在各自分到的额度内预选企业，并将预选的结果推荐给证监会进行最终复核，这就是我们常说的"额度管理"。

"额度管理"制度在一段时期内遭到开拓投行业务的券商同人的自嘲，谁有上市指标，谁就有客户主动来找。随着 1995 年《商业银行法》的颁布，银行业和证券业的分业管理思路逐渐清晰，投行业务也交由越来越多的专业证券公司负责。就是在那一年，为投行业务而生的中国国际金融有限公司成立了。

1994 年，由中国建设银行牵头，与摩根士丹利合作成立中国第一家合资投行中国国际金融有限公司这一事项提上日程。第二年5月，中金公司正式挂牌成立。虽然在国内的A股市场，中金公司在1999年才获得承销资格，但第二年就凭借一单融资额高达78.46亿元的IPO项目，夺得当年国内券商在A股市场最好的承销业绩，而这"第一滴血"，是由总部位于上海的宝钢股份贡献的。

中金公司在为宝钢做IPO的过程中，引进了国外投行更成熟的方式。比如当时国内的股票发行是定价发行，发行价不能超过市盈率的15倍，具体价格由证监会决定。而中金公司则为其运用了更成熟的市场化定价，在路演阶段选择对外发布不含价格的招股说明书，再根据投资者的认购意愿来制定发行价格，之后才发包含价格的招股说明书，这是当时国内企业IPO的一次创新发行方式。

紧接着，中金公司又依靠中国石化、中国联通、招商银行等巨无霸IPO项目，连续三年登上国内A股承销榜单的第一名。对于海外市场的上市项目，中金更是无可匹敌，从1997年中国移动的海外上市项目开始，之后的每一单海外项目，在主承销商的那一栏里，永远不会缺少中金公司的身影。随着证券公司的专业程度越来越高，证监会对投行业务的控制力度越来越强，原有的"额度管理"制度也改为了新的审批制。

1997—2003：分业经营时期的审批制，增资扩股和通道制

1996年，国务院证券委员会公布了《关于1996年全国证券期货工作安排意见》。1997年，证监会下发了《关于做好1997年股票发行工作的通知》。这两个文件将过去投行业务"额度管理"的审批制，变为了"总量控制、限报家数"的审批制，除了由国务院规定每年发行的总规模之外，还会额外要求证监会对各省市和部委每年上报的企业数量进行限制，这被业内人士称为"97指标"。

"97指标"的出现，并没有加深国内投行业务的市场化进程，只是加强了证监会对该业务的监管控制，配合国内一系列分业经营法律法规的出台和实施。比如在1997年底，国务院进一步明确了银行业和证券业各自的监管主体——中国人民银行和证监会，并将上海证券交易所和深圳证券交易所完全收归证监会统一管理。1998年12月，中国第一部《证券法》颁布，对证券、银行、保险、信托的分业经营和证券公司相关业务等方面做了明确规定，证券公司终于名正言顺地拥有了自己的业务牌照。

但证监会的这次牌照加持，首先利好的是券商的经纪业务。当年由于实行佣金管制，证券公司普遍可以按照千三的高价收取固定佣金，经纪业务的利润要远超仍需要跑"额度"的投行业务，各家券商的营销重点便放在了经纪业务的客户身上。电子

交易系统、网上交易、呼叫中心、炒股软件等经纪服务方式的创新,就是从那几年开始的。一同兴起的,还有证券公司自营盘子亲自入场"坐庄"炒股,操纵股价以获取不法收益的恶劣现象。

投行业务的第一次利好出现在 2001 年。2000 年正是美国纳斯达克火爆的时候,国内股市同样涨势喜人。当时,鉴于审批制出现种种缺陷,国家开始推动国内资本市场的新一轮改革。2001 年 3 月 17 日,证监会宣布取消股票发行"审批制",正式实施股票核准发行制度下的"通道制",把过去审批制下由地方政府和部委推荐,改为由券商进行选择和推荐,这也是国内投行业务向市场化迈出的第一步。

2001 年 3 月 29 日,中国证券业协会对"通道制"做出了具体解释。每家证券公司一次只能推荐一定数量的企业申请发行股票,由证券公司将拟推荐企业逐一排队,按序推荐。所推荐企业每核准一家才能再报一家,即"过会一家,递增一家"(2001 年 6 月 24 日又调整为"每公开发行一家才能再报一家",即"发行一家,递增一家"),具有主承销资格的证券公司拥有的通道数量最多 8 条,最少 2 条。

券商通道数量的多寡,是由券商在 2000 年承销的上市企业数量决定的。根据承销数量,分配给 2、4、6、8 不等的通道数量。

正是"通道制"的实施,让国内券商开始在投行业务上正式有了自己的话语权。有了话语权的券商,为了能更好地发展,开始认真琢磨起投行业务。那几年券商做投行业务，不像现在是客户挑券商，而是券商会把自己仅有的几个通道，选择给到质优价高的客户。不过，"通道制"实施的时间并不长。2001年，国有股减持消息放出，导致股市崩盘式调整，IPO业务暂停，其他投行类业务的开展也受到了严重影响。比如2001年哈药集团实施配股，低迷的股市让一般投资者宁愿放弃配股权也不愿增持股票，作为承销商的南方证券只能自己包销了卖不掉的6800万股，也因此成为哈药集团的第二大股东。

2001年下半年，监管层开始反思国有股减持，着手股权分置改革、IPO制度等顶层设计。时任证监会主席周小川，多年以后回顾那段经历时说道："登山讲求实际，因此无论你是走在迂回曲折的路上，抑或能否看到山顶，又或者在那一点上资源分配是否最优化，都不重要，最重要的是确保你每一步都是向上的，换言之，你正在改进。"[1]

国内的投行业务发展也确实在自我改进。有心进取的券商，正是在此期间，针对如何开展投行业务完成了自我改革，催生出后来国内投行业务的三种模式之一：业界广泛称道的中信证券"大平台"模式。

中信证券的这种模式发端于2002年设立的企业融资委员会，委员会下设投资银行部、债券承销部、债券销售交易部、资本市

---

[1] 肖宾：《股市风云二十年：1990~2010（下）》，机械工业出版社，2010。

场部、并购部和运营部。在投资银行部下面又进行了行业分组，比如电力、汽车、金融、通信、交通这五个行业组，每个行业组都盯准行业内的龙头企业，确立了以大型国内企业为中心开展业务的方针。而此时国内的其他券商还只会按照区域设立上海分部、北京分部，顿时就把中信证券的专业格调给反衬了出来。

2003年，在长江电力的IPO项目中，中金公司不敌中信证券，损失了上百亿的承销业绩，这是中金公司在国内A股市场上的地位第一次被撼动。而在此后的几年里，中信证券的这种打法也使其能够常年稳定地站在国内投行业务排名的前列。

在投行业务实施"通道制"的时期，"大平台"模式让中信证券对自家的通道进行了最优化利用，在客户关系维系方面也确实比其他券商做得更好。当时普遍的情况原本是：上市公司发行上市找一家投资银行，之后财务顾问又换一家，增发或配股的时候再换一家，上市公司对于投资银行的忠诚度比较低。中信证券开创的方法不仅能拿下客户的IPO，更有利于长期维护客户关系。这是一个放在今天来看都非常优秀的做法。

2005年，国家发展和改革委员会出台了《产业结构调整指导目录》，对于目录中所列限制类、淘汰类的行业，证监会在其融资、重组方面加强了监管审批力度，做了非常严格的限制。"大平台"模式在实际的运行中开始受到行业方面的限制，业务开展流程也受到了制约。

行业划分思路要想用得稳，需要一个稳定的高级市场。而国内当时的投行业务市场尚不稳定,"大平台"模式受挫,却顺势催生了两个可与"大平台"模式并肩的新投行模式,这就是平安证券的"工厂"模式与国信证券的"人海"模式。

2003年12月,《证券发行上市保荐制度暂行办法》颁布,为"保荐制"进城打开了大门。投行业务也从"通道制"转变为"保荐制",将过去的券商推荐责任真正落到了保荐代表人身上。

2004—2014:保荐制度

保荐制度是指拟上市企业既有投行(保荐机构)保荐,也有保荐代表人负责督导。就像我们国内的投行业务一样,保荐制也是"舶来品",它其实源自英国的创业板市场。

英国之所以会把保荐制度用在本国的创业板市场上,主要是觉得上创业板的公司资质不如上主板的,所以就通过券商的保荐,为这些上市公司加一道信用增强光环,让投资者的心里也能踏实一些。保荐制度的重点是,要明确保荐机构和保荐代表人的责任,并建立责任追究机制。后来,保荐制度先是被香港学了去,又进一步传到了内地。

2004年3月20日,中国证券业协会组织了第一次保荐代表人考试,当年参加考试的有1 549人,最终通过了614人。5月10日,首批67家保荐机构与609名保荐代表人完成注册登记,保荐制度开始正式实施。保荐机构与保荐代表人成为责任承担者，这促进了券商自身的成长，也强化了投行从业人员的职业操守。

但是，保荐制度的实施，相当于给了保荐代表人金身加持。券商作为投行业务的"通道"，换成了保荐代表人的签字权。从那之后，"百万年薪"演变为保荐人招聘的代名词，后面又逐渐演化成大家印象中"投行"这个职业的代名词。这已然是后话。

2005年，平安证券投行部时任副总经理薛荣年，在平安证券与鱼跃医疗签署了《公司改制财务顾问协议》后，带队赴鱼跃医疗全面推进公司的改制上市工作。薛荣年当时独创的，就是投行业务中的"工厂"模式。

整个投行工作的业务链条，确实可以映射到工厂的生产链条中。比如投行承揽岗位的工作就是去获取产品订单；承做岗位的工作就是把这个产品生产出来；在具体的生产过程中，质控岗位就像是产品质量检测员，他们会在生产的关键节点对产品质量进行把关；产品完成后，便会交付给销售交易岗，由他们完成销售，最终获取收入。

当年平安证券投行业务的"工厂"模式，承做端完全下放给中底层员工，只不过平安证券的承做端并不是简单下放，而是被系统地拆解成了可复制的流水线式操作。在其他各端，比如项目风险的把控、客户或监管的沟通对接等则不下放。这种模式在运行的前几年里表现出了不错的效果。2010年，平安证券不仅在整个券商行业里排名第一，更是与第二名国信证券拉开6亿元的差距。而排名第二的国信证券，正是投行"人海"模式的开创者。

国信证券的"人海"模式，顾名思义，就是多招人。2010年，国信证券把投行队伍扩充到500多人，引进了众多"小团队"的负责人，组成了国信的"人海"模式：每一个团队都出去揽活，谁揽的活谁做，做出来之后就按公司的规矩进行收入分配。

对比两种创新模式，我们会发现不过是在分工协作和单兵作战上进行了不同程度的选择。但之所以都能在当时有所成就，在于两家公司对员工在"收入分配"和"自由"上的管理都有相近之处。也正是这种类似，让两家券商最终走到了同一个历史进程中。

2008年，资本市场"PE腐败"第一案暴露于世人面前。该案的主角是在国信证券做了十年投行工作的李绍武，其腐败方式是让家人提前成立一家公司，干起了"直投+保荐"的全套服务。薛荣年用同样套路做鱼跃医疗，多年后也被曝光出来。

对于这种模式，一直存在着"利益输送"的嫌疑，也是遭受市场强烈质疑的原因。为此，证监会在2011年7月出台《证券公司直接投资业务监管指引》，明确规定了"担任拟上市企业的辅导机构、财务顾问、保荐机构或者主承销商的，自签订有关协议或者实质开展相关业务之日起，公司的直投子公司、直投基金、产业基金及基金管理机构不得再对该拟上市企业进行投资"。

2004—2012年,投行业务执行保荐制度的这些年,为中国资本市场的发展培养了一大批优秀的中小企业,这是不容置疑的。特别是在股权分置改革完成的背景下,中国证券市场进入全流通市值时代,很多企业想走上市之路,给证券公司带来了大量投行业务,但在资本市场开放的过程中,巨大的财富效应也使一些发行人和保荐人在物质诱惑的面前倒下。

投行业务的改革,永远都在路上。